大展　好書大展

品嘗　冠群可期

大展好書　好書大展
品嘗好書　冠群可期

武學名家典籍校注 6

孫祿堂形意拳學

孫祿堂 著　孫婉容 校注

大展出版社有限公司

一代宗師孫祿堂

一代宗師孫祿堂

孫祿堂（一八六〇年十二月—一九三三年十二月），諱福全，晚號涵齋，河北省完縣人，是清末民初蜚聲海內外的儒武宗師，有「虎頭少保」「天下第一手」及「武聖」之稱譽。

孫祿堂從師形意拳名家李魁垣，藝成被薦至郭雲深大師處深造。之後又承武林大家程廷華、郝為楨親授，並得宋世榮、車毅齋、白西園等多位武林前輩的認可點拔。郭雲深喜而驚歎曰：「能得此子，乃形意拳之幸也！」程廷華贊曰：「吾授徒數百，從未有天資聰慧復能專心潛學如弟者。」郝為楨嘆服：「異哉！吾一言而子已通悟，勝專習數十年者。」

孫祿堂南北訪賢，得多位學者、高僧、隱士、道人指點，視野廣開，尤其在《易經》、儒釋道哲理、內丹功法方面，收益奇豐。

孫祿堂精通形意拳、八卦拳、太極拳三拳，他以《易經》為宗旨，融會古今，打通內外，提出「三拳形雖不同，其理則一」的武學理念。孫祿堂已出版《形意拳學》《八卦拳學》《太極拳學》《八卦劍學》《拳意述真》五本武學經典。

孫祿堂創建的「孫氏太極拳」，在國術史上首次提出及印證了「拳與道合」這一經典命題，是太極拳發展史上的一座里程碑。

孫祿堂第一個提出：在文化領域裡，武學與文學，具有等同的價值；又率先提出「國術統一」的思想，這在當時中國武術界引發了極大的反響。

孫祿堂集武學、文學、書法、哲學、教育學、社會學等多科學問於一身，武有成，文有養，是文武共舞共融的實踐者。

授陸軍步兵中尉七等文虎章

孫祿堂先生青年時期留影

三體圖——

世人不知拳中內勁為何物。其實方法皆出於三體式，此式乃入道之門，形意拳中之總機關也。

孫祿堂得親友助，從師形意拳名家李魁垣，讀書習字兼習形意拳。三年藝成，武技猛進，文化、書法也同步提高。李師慧眼，薦孫祿堂至其師郭雲深處繼續深造。僅年餘後，郭公喜而驚嘆曰：「能得此子，乃形意拳之幸也！」受教期間，孫祿堂漸悟《易》理與拳的關聯，潛心探索其本，郭公心悅，鼎力助之。孫祿堂得知八卦拳與《易經》的關係，初探參《易》修拳，八年藝成。郭公嘆曰：「此子，真能不辱其師。」郭公擇定孫祿堂為衣鉢傳人，在臨終前託人代辦。孫祿堂尊師重道，萬分感念，但從未以此自許。

劈拳圖——

劈拳者，有劈物之意，是氣之起落上下運用。勁順氣和，勁謬氣乖，氣乖則體弱，体弱則病生，故學者不可不先務也。

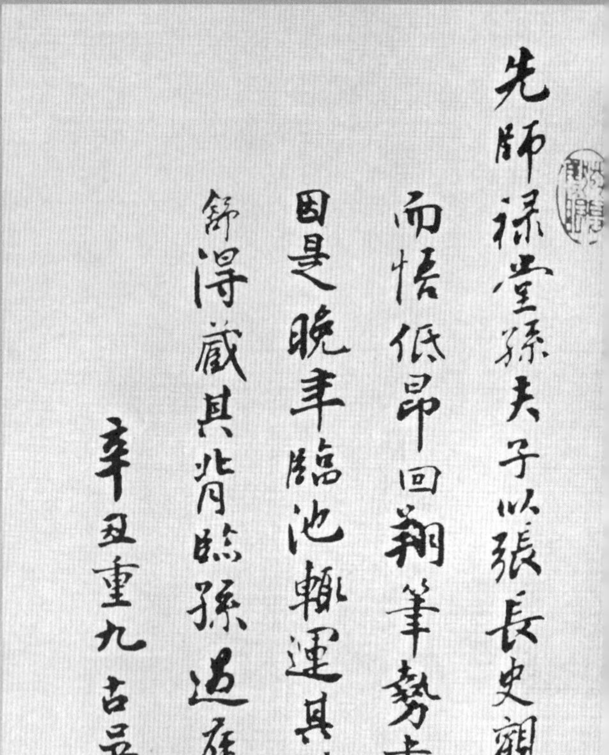

先師祿堂孫夫子以張長史觀舞劍
而悟低昂回翔筆勢書法益進
固是晚年臨池輒運其技擊靈脩化艸
舒得藏其背臨孫過庭書譜一葉
辛丑重九古吳汪孟舒時年七十又五

汪孟舒　字希董　清末民初琴家、書法家、畫家、收藏家

出版人語

武術作為中華民族文化的重要載體，集合了傳統文化中哲學、天文、地理、兵法、中醫、經絡、心理等學科精髓，它對人與自然和諧共生關係的獨到闡釋，它的技擊方法和養生理念，在中華浩如煙海的文化典籍中獨放異彩。

隨著學術界對中華武學的日益重視，北京科學技術出版社應國內外研究者對武學典籍的迫切需求，於二〇一五年決策組建了「人文・武術圖書事業部」，而該部成立伊始的主要任務之一，就是編纂出版「武學名家典籍」系列叢書。

入選本套叢書的作者，基本界定為民國以降的武術技擊家、武術理論家及武術活動家，而之所以會有這個界定，是因為民國時期的武術，在中國武術的

發展史上占據著重要的位置。在這個時期，中、西文化日漸交流與融合，傳統武術從形式到內容，從理論到實踐，都發生了巨大的變化，這種變化，深刻干預了近現代中國武術的走向。

這一時期，在各自領域「獨成一家」的許多武術人，之所以被稱為「名人」，是因為他們的武學思想及實踐，對當時及現世武術的影響深遠，甚至成為近一百年來武學研究者辨識方向的座標。這些人的「名」，名在有武術的真才實學，名在對後世武術傳承永不磨滅的貢獻。他們的各種武學著作堪稱為「名著」，是中華傳統武學文化極其珍貴的經典史料，具有很高的文物價值、史料價值和學術價值。

首批推出的「武學名家典籍」校注第一輯，將以當世最有影響力的太極拳為主要內容，收入了著名楊式太極拳家楊澄甫先生的《太極拳使用法》、《太極拳體用全書》；武學教育家陳微明先生的《太極拳術》《太極劍》《太極答問》；一代武學大家孫祿堂先生的《形意拳學》《八卦拳學》《太極拳學》

《八卦劍學》《拳意述真》。民國時期的太極拳著作，在整個太極拳發展史上占有舉足輕重的地位。當時太極拳著作，正處在從傳統的手抄本形式向現代著作出版形式完成過渡的時期；同時也是傳統太極拳向現代太極拳過渡的關鍵時期。這一歷史時期的太極拳著作，不僅忠實地記載了太極拳架的衍變和最終定型，而且還構建了較為完備的太極拳技術和理論體系，而孫祿堂先生的武學著作及體現的武學理念，特別是他首先提出的「拳與道合」思想，更是使中國武學產生了質的昇華。

這些名著及其作者，在當時那個年代已具有廣泛的影響力，而時隔近百年之後，它們對於現階段的拳學研究依然具有指導作用，依然被太極拳研究者、愛好者奉為宗師，奉為經典。對其多方位、多層面地系統研究，是我們今天深入認識傳統武學價值，更好地繼承、發展、弘揚民族文化的一項重要內容。

本叢書由國內外著名專家或原書作者的後人以規範的要求對原文進行點校、注釋和導讀，梳理過程中尊重大師原作，力求經得起廣大讀者的推敲和時間的考驗，再現經典。

「武學名家典籍」校注，將是一個展現名家、研究名家的平台，我們希望，隨著本叢書第一輯、第二輯、第三輯……的陸續出版，中國近現代武術的整體風貌，會逐漸展現在每一位讀者的面前；我們更希望，每一位讀者，把您心儀的武術家推薦給我們，把您知道的武學典籍介紹給我們，把您研讀詮釋這些武術家及其武學典籍的心得體會告訴我們。我們相信，「武學名家典籍」校注這個平台，在廣大武學愛好者、研究者和我們這些出版人的共同努力下，會越辦越好。

前言

先祖父祿堂公一九三三年十二月歿於故里，至今已八十二年；先父存周公一九六三年逝於北京，至今亦五十二了。而不管過多少年，先祖父和父輩留下的事業及由此帶來的責任，卻始終沉甸甸地壓在我的心頭。

先祖父孫祿堂，孫氏武學的創建者，喜文近武，得多位武術大師傾心傳授，加以天賦資質，刻苦勤奮，數十年如一日，矢志不渝，精修形意、八卦、太極三派拳術，經半個多世紀的研習、探索、提煉，終臻化境。時人公論，集三派拳術於一身且精通技理者，獨孫祿堂一人耳。故先賢宋世榮曾贈言：「學於後，空於前。後來居上，獨續先宗絕學。」

先祖父品德高尚，武功造極，學識淵博，又深諳國學，感悟武術與「周易」關聯，遂參《易》修拳，首提關乎武學未來走向的「拳與道合」之理，並治三拳技理於一爐，創立了「三拳形雖不同，其理則一」的孫氏太極拳，在中國太極拳發展歷史上，立起了一座劃時代的豐碑。

先祖父武學著作頗豐，代表作《形意拳學》《八卦拳學》《太極拳學》《拳意述真》《八卦劍學》，技理俱佳，極具科學性、可讀性以及實用價值。傳播至今，仍被武學研究者奉為圭臬。

孫氏後人，時刻以先人的榮譽為榮，更以弘揚先人開創的一脈拳學為己任。二十世紀九〇年代初，由先姐孫叔容組織孫氏武學門人，首次對孫祿堂武學著作進行了整理及簡注。

二十一世紀初，再由先姐孫叔容，帶領筆者及亡弟寶亨，編著出版了《孫祿堂武學著作大全增訂本》。

先姐在這冊《大全增訂本》前言中申明了筆者姐弟之所以一而再、再而三整理注釋先祖父遺著的初衷：

先姐「闡明武學之道，刊行於世，裨益後學者多矣。」然「孫氏武學著作中常引用儒、釋、道三家之說，及陰陽、五行、八卦、運行之理，以闡發拳中之奧義，每有文言體裁，且引述《易經》及黃老之學，難為近人所接受，筆者等遂編寫《孫祿堂武學著作大全簡注》一書以應讀者之需，出版以來備受讀者喜愛。現初版書早已告罄，而索書者日眾。今經筆者對《孫祿堂武學著作大全簡注》一書進行補充校訂，以修訂本問世，以饗孫氏武學愛好者。」

先姐所言，道出了吾輩孫氏後人的心聲，在此《孫祿堂武學著作大全簡注》之後，筆者亦籌資先後自費出版印行了再現先祖父五本經典拳學原版原貌的《孫祿堂武學全集》和全面展示先祖父文有養，武有成，文武共舞共融風采的《孫祿堂文武集》。

先祖父所著五本經典拳學，影響深遠，求索者眾。先父孫存周昔年在世時，幾度再版，仍不敷求。本人效仿先父，為酬孫氏武學之知音，不畏其難，自籌資金，自費印製《孫祿堂武學全集》，亦是孫家後人「成先人之志，不墜

其業」的一點兒執守。

光陰荏苒，僅《孫祿堂武學著作大全增訂本》的問世，轉瞬已十五年矣。包括以先姐為首的合作人，除筆者外，俱已駕鶴西去。然孫氏武學之研究，卻始終沒有停止，整理修訂工作正未有窮期。

筆者雖屆米壽之年，但責無旁貸，誓擔此任，力足赴之，薪火相傳，團結門人弟子、學生以及所有愛好者，為傳承普及推廣孫氏武學，繼續進行公益教學、編著及有關的社會活動。

恰逢此時，北京科學技術出版社緊跟國家前進步伐，為弘揚中國武術文化，以人為本，實現夢想，相約出版「武學名家典籍」叢書之《孫祿堂武學集注》，雙方一謀即合，決心傾情共襄孫氏武學研究領域的這一盛舉。

由筆者擔任校注的《孫祿堂武學集注》，集孫祿堂武學著作暨排原版原文、孫祿堂部分歷史圖照及書法作品為一體，重點對孫祿堂原著進行點校正誤，並在舊作《孫祿堂武學著作大全增訂本》的基礎上，增加修正部分解注。

旨在更有利於習者閱讀，理論聯繫實際，提升武技水準。

本書完稿，即將付梓，雖嚴加校正，亦恐難臻至善不留訛舛，敬請方家正之。

孫婉容　乙未秋月書於北京頤清園

形意拳學

陸軍步兵少校六等文虎章孫祿堂

序

武力諸技術率皆託①始達摩，而支分派別，真以偽雜，或利用而不良於觀，或上下進退善為容而用焉輒窒，因以致敗。則傳受其要也，拳法門內人言以太極為第一門，而世俗所傳綿掌、八極十二節，充其量不過一匹夫之所能。其專事吐納道②引若五禽、八段錦，造次敵至，手足無措，又無以應變。唯形意體本太極，擴而發之，不窮於用，且年過可學，一介儒生下至婦人女子，力無不可為者，而緩衣博帶無擇技，之至者進乎道而通乎神。

痀僂丈人承蜩，累五丸不墜猶掇；呂梁丈夫蹈水，與齊俱入與汨③偕出；庖丁④十九年解牛數千，刀刃若新發於硎；莊子固多寓言，抑豈遂無其事而故為此俶儻⑤以自快其所託也？

書中所稱拳法大師郭雲深，某嘗聞其力能摧壁，又令五壯佼拄巨竿於腹，一鼓氣，五人者皆倒退至五六步外，撲⑥地跌坐，顧終身未嘗以所長加人，隱死茶肆。孫君既為其再傳弟子，淵源所自，術業之精，不問可決也。

往歲某見有寫本，五公山人新城王餘佑所著刀法拳術，心竊好之，而未暇錄福以存，曶曶⑦今二十年，十三刀法已梓行，不復能憶其拳術，亶⑧憶其主要曰意、氣、力，而力不自力、他人之力皆其力，道在用藉，極其所至，可以撼山灑海，軒拄天地，凡意氣之所至皆力之所至，與今孫君所傳是不同出一原，抑原一而異其支與流裔？孫君當能知其所以然。凡所與遊，倘有錄傳其書者，尚望轉以相告，勿秘藏也。

民國四年五月湘帆趙衡序

【注釋】

①託：音ㄊㄨㄛ，同「托」，後同，不另注。

②道：通假字，同「導」。
③汩：當作「汩」，音ㄍㄨˇ，汩流：急流。
④疱丁：當作「庖丁」，庖，音ㄆㄠˊ，本義：廚房，此處指廚師。
⑤俶儻：俶，音ㄊㄧˋ，卓異不凡，豪爽灑脫。也作「倜儻」。
⑥撲：當作「仆」，《說文》：仆，頓也。頓：倒下，跌倒。
⑦曶曶：音ㄏㄨㄏㄨ，迅速。
⑧亶：音ㄉㄢˇ，通「但」，僅；只。

奇幻倏忽

秦樹聲

序

夫人生於世，享大年康健之樂，莫不得之善修者也。在古有吐納導引之術，究不免逐偏詭正，聖人病之。今我中華，昌運宏開，環瀛之內，衛生之說溢焉。然殷憂所抱，恒見羸軀之士，枯形寡神，焦肌之童，瘁體多病，其故何在？實不知修身之道也。因思人生重於完玉，知養其身而不知其所由養，徒侈談衛身之說，庸有濟乎？

嚮嘗聞之，先身而生者先天也，後身而生者後天也。先天之氣在腎，後天之氣在脾。先天之氣為氣之體，體主靜，故神藏而機靜。後天之氣為氣之用，用主動，故神發而運動，是知內五神臟之水木火土金之五氣，循環相生，隨天地陰陽五行之氣同周流而靡間，於以達諸耳目形骸者，神發其智矣，通諸筋骨脈絡者，精發其華矣。身體堅強靈明貫澈，非善為修持者安能知此。《素問》曰：「上古之人，其知道者，法於陰陽」；又曰：「今時之人，逆於生樂，起居無節，故半百而衰」；又曰：「女子七七任脈虛，地道不通，故形壞而無子」，是知人之材，非同金石，若不善為修持，豈非夭折自取乎？

頃者友人孫祿堂先生，持《形意拳學》示余，且詔之曰：「能將此學參悟，即可得此拳之妙；能將此拳練有粗得，即可獲無窮之益。」余披展玩，尋①漸悟一二，復請教於先生。先生曰：「五行拳者，生於無極者也。無極者，乃人之無意想，無形朕②，先天極妙之主體，沖和之本始，太極陰陽動靜之初原也。萬物之生，負陰抱陽，一物一太極。太極本無極，人之真元所從而來，靈明所從而抱，五行拳生於此而與之通。通則變，完全人身之陰陽，而保此靈明者也。永人之天年，暢達人之血脈筋骨，欲從後天反先天而盡衛生之術者也，苟以異端目之遠矣。且練此拳，非獨壯男，即老人童婦皆可隨便練習，有百益而無一害，雖以之強我種族可也。」余因是言而悟是學，且識先生欲壽世作人，培中國強盛之基，先生之用意，可謂大而遠矣！

然則此形意拳根於無極，能與陰陽合德，四時合序，迥非古時吐納導引之術所可同日而語，尤非今日之技藝家所可望塵也。是學也，先生得諸李魁元先生之口傳心授，而淵源於宋代岳武穆之發明，遠創於達摩祖師，名雖為拳，實則為再造生人之秘鑰，壽育世界之宏規，武而兼道，文而不腐，可為至寶。先生手作既成，爰囑余為序，余恐負先生之意，是以不揣譾陋，聊贅妄語於簡端，非敢謂於先生之旨趣有合也。

大興厚菴氏艾毓寬謹識

【注釋】

①尋：不久。

②無形朕：無形象、無徵兆。朕：徵兆，先兆。

序①

余從祿堂先生學形意拳術，將及四載，始知勢簡而意精，學易而習難，無過於形意者矣。

夫日月往來而明生，寒暑往來而歲成，造化一陰陽屈伸之理。形意有往體有來體②，於順中而求逆，一屈一伸，不運氣而氣充，不加力而力無窮，究其功之所至，合陰陽，參造化，而與太極同體，故先生是書，首論太極之體。昧者不察，乃言形意非太極，豈知拳術精微之理乎？

蓋能得渾圓一氣之意，則合乎太極，式與法其粗焉者也。世之習太極拳術者，未得渾圓一氣之意，雖能演長拳及十三勢之形，又烏得謂之太極耶？

先生兼明形意、八卦、太極三家，故能合冶一爐而參論之，好拳術者虛心研察，其益於身心豈淺鮮哉！

己未春三月蘄水陳曾則③序

【注釋】

①序：原版無此標題。

②形意有往體有來體：形意拳形式中有往體（即伸、展），有來體（即縮、束）。

③陳曾則：即陳微明，號微明，字愼先，湖北蘄水人。武術名家，光緒二十八年（一九〇二年）科舉考中文舉人。民國二年，北洋政府設立清史館，他曾任清史館纂修之職，是《清史稿》的二十多位作者之一。一九二五年五月，在上海創建致柔拳社，任社長。

自序

聞之，有天地然後有人民①，有人民然後有庶事，有庶事而後萬民樂業，此自然之趨勢也。然所以富強之道，在乎黎庶之振作，振作之主義在精神。若無精神則弱矣，人民弱，國何強？欲圖國強，須使人民，勿論何界，以體操為不可缺之一科，如此則精神振矣，國奚不強②？前此文武分歧，文人鄙棄武術，武人不精文理，此其中似有畛域③之分焉。今國家振興，庶務百度維新，學校之中加入拳術一門，俾諸生文武兼進，可謂法良意美已。

余幼而失學，即喜習武事，並非圖猛力過人之勇，止求有益衛生之功，不以氣粗力猛為勇，而以不粗不猛剛柔相濟而為勇也④。人有言曰：「武學與文學一理」。理既同，則何分輕重？然文學之士所以不講武術者，實因有粗猛不雅之弊耳。

余於形意一門稍窺門徑，內含無極、太極、五行、八卦起點諸法⑤，探原論之，彼太極、八卦二門及外家、內家兩派，雖謂同出一源可也，後世漸分門類，演成各派，實亦勢使之然耳。余習藝四十餘年，不揣固陋，因本聞之吾師所口授暨所得舊譜加以詮釋，蓋亦述而不作之意也。

余嘗聞吾師云：「形意拳創自達摩祖師⑥，名為內經，至宋岳武穆王⑦發明後，元明二代，因無書籍，幾乎失傳。當明末清初之際，有蒲東諸馮⑧人姬公，先生諱際可，字隆風，武藝高超，經歷有年，適終南山得岳武穆王拳譜數編，融會其精微奧妙，後傳授曹繼武⑨先生。曹先生即康熙癸酉科武試聯捷三元，供職陝西靖遠總鎮者是也。先生致仕後，別無所好，惟以平生工夫授人而娛餘年，以技傳戴龍邦⑩先生山西人。戴龍邦先生傳李洛能⑪先生直隸人。李洛能先生相傳郭雲深⑫直隸人、劉奇蘭直隸人、宋世榮直隸人、車毅齋山西人、白西園江蘇人諸先生。諸先生各收門徒。郭雲深先生傳李魁元⑬、許占鰲諸先生；劉奇蘭先生傳李存義、耿繼善、周明泰諸先生。」

余侍李魁元先生為師從學數載，曾在北京白西園先生處，得見岳武穆王拳譜，並非原本，係後人錄抄，所論亦不甚詳，惜無解釋之詞，祗篇首有跋數行。余一是頓開茅塞，立願續述完備，明知學術譾陋，無所發明，竊仿此譜，深心研究，再照此拳各式，一一著載成書⑭，實無文法可觀，於吾所學，不敢稍有背謬。至其間有未至者，尚望諸同志隨時指正為感。

中華民國乙卯正月望日保定完縣孫福全謹序

【注釋】

①聞之……有人民：我聽說，有天地然後有人類。

②欲圖……國奚不強：闡明人民普遍操練圖強的主要目的，在於強國，這是全文的基本立場。

③畛域：界限。

④並非圖……而為勇也：是說自己學武練拳，要以練武強身為功，剛柔相濟為勇，而不以氣粗力猛為勇。

⑤余於形意一門……起點諸法：是說形意中包含無極、太極、五行、八卦。無極者，當人未練拳之初，心無所思，意無所動，目無所視，手足無舞蹈，身體無動作，陰陽未判，清濁未分，渾渾噩噩，一氣渾然者也。

太極者，在於無極之中，先求一至中和至虛靈之極點，其氣之隱於內也，則為德；其氣之現於外者，則為道。內外一氣之流行，可以位天地，孕陰陽。故拳術之內勁，實為人身之基礎，故名之曰太極（以上皆見《太極拳學》第一章、第二章）。

五行：指金、木、水、火、土及其相生相剋之理。

八卦：指乾、坎、艮、震、巽、離、坤、兌，代表八個方位。

⑥形意拳創自達摩祖師：這是自古相傳之說，達摩作《易筋》《洗髓》二經，為後來製成形意等拳法的依據。

⑦岳武穆王：岳飛的謚號，相傳他根據《易筋》《洗髓》二經的本義，發明創造了形意拳。

⑧蒲東諸馮：謂山西蒲縣以東的諸馮地方（現為山西省永濟縣張營村）。姬際可，字

隆風，人稱姬公。

⑨曹繼武：清康熙癸酉科武試聯捷三元，曾供職陝西靖遠總鎮。

⑩戴龍邦：山西太谷縣人，一說是祁縣人。一般記載為曹繼武傳人，但也有不同說法。

⑪李洛能：河北省深縣人。名飛羽，字能然，世稱洛能或洛農，乃為「老能」尊稱傳音之誤。據今人考證，生卒年約為一八〇八—一八九〇年。相傳為戴龍邦弟子，今人考證，認為係郭維漢所傳。一說是戴文勳（龍邦之子）所傳。

⑫郭雲深：河北深縣馬莊人。名峪生，字雲深。為李能然之弟子，晚清著名形意拳家，有「半步崩拳打遍天下」之譽。

⑬李魁元：河北淶水縣人。名殿英，字奎垣（魁元），師承郭雲深。

⑭竊仿……著載成書：是說暗自用心仿照岳武穆王拳譜，加以研究，再照此形意拳的各種姿勢，一一著載而成這本《形意拳學》。

凡例

⊙是編分為上下兩編，提綱挈領，條目井然。

上編次序，首揭混沌開闢天地五行之學，並附正面之式說。至形意虛無含一氣之大旨，則有起原而側身向右之式說附焉，斯二者，乃形意拳之基礎也。由總綱形意無極之說起至第五節演習之要義，更由第一章劈拳至七章十二節五行生剋學，是為上編條目。按次練習，始無差謬。

下編標舉形意天地化生萬物之道，為下編綱領，自第一章龍形說起，至十四章二十二節安身炮學終，為下編條目；其中有單行、有對舞。單行者，單獨練習；對舞者，二人比試，分甲乙上下之手，各開門起點，進退伸縮變化諸法，一一詳載。體操時，凡一動一靜，按此定法，不使紊亂，則此拳之全體大

用功能，庶幾有得，可為無用中之大用矣。

⊙是編，為體操而作，祇敘形意拳之實益，議論但取粗俗易明，原非等於詞藻文章，固不得以文理拘也。

⊙是編，除各式之指點外，其他一切引證，均與道理相合，迥非怪力亂神之談所可比擬，學者不得以異端目之。

⊙是編，發明此拳之性質，純以養正氣為宗旨。固非拳腳譜、八段錦諸書所可比倫。今將十二形拳始末諸法，貫為全編，使學者一目了然。

⊙體操一門，種類繁多，惟形意拳法，係順天地自然之理，運用一派純正之氣。無論男女婦孺，及年近半百之人，皆可練習。一無折腰曲腿之苦，二無躍高縱險之勞，且不必短服扼腕，隨便常服，均可從事，此誠武業中文雅事也。

⊙此體操，較別項體操不同。別項體操，有或尚勁力，或進柔軟，或講運氣，以至刀矛技藝等等不一，皆非同此拳之妙用，故不能脫俗。

⊙此十二形之體操，關係全身精神，久疾者能癒，不起者能痊，又不僅於習拳已也。

⊙是編每一形各附一圖，使十二形拳之原理及其性質，切實發明，用以達十二形之精神、能力、巧妙，因知各拳各式，總合而為一體，終非散式也。

⊙附圖悉用電照，以免毫釐之失，學者按像模仿，實力作去，久則奇效必彰，而非紙上談兵矣。

形意拳學　目次①

下編　形意天地化生十二形學……………一〇三

【注釋】

①本書後文標題凡有與本目次相違處，已皆按此目次為準改正，不另注明。

上編　形意混沌闢開天地五行學

總綱　無極學

無極者，當人未練之先，無思無意，無形無象，無我無他，胸中混混沌沌，一氣渾淪，無所向意者也①。世人不知有逆運之理，但斤斤於天地自然順行之道，氣拘物蔽，昏昧不明，以致體質虛弱，陽極必陰，陰極必死。於此攝生之術，概乎未有諳也②。惟聖人獨能參透逆運之術，攬陰陽，奪造化，轉乾坤，扭氣機，於後天中返先天，復初歸元③。保合太和④，總不外乎後天五行拳八卦拳之理，一氣伸縮之道。所謂無極而能生一氣者是也⑤。

第一式⑥

起點面正，兩手下垂，兩足為九十度之式。此式是順行天地自然之道，謂之無極形式也（圖一）。

圖1　總綱無極圖

【注釋】

①無極者……無所向意者也：是說，人在未練拳之先，要求無思無意，胸中渾然，思想意識處於寂靜狀態，即無所「向意」之情況。

②世人……概乎未有諳也：世人不知以後天返回先天的道理（即從無到有再從有返回無），只知順行天地自然之道，內不知修，外不知養，蔽於物慾，致陰陽不調，身體衰弱，這是不明瞭養生之道的緣故。諳：明瞭，熟悉。

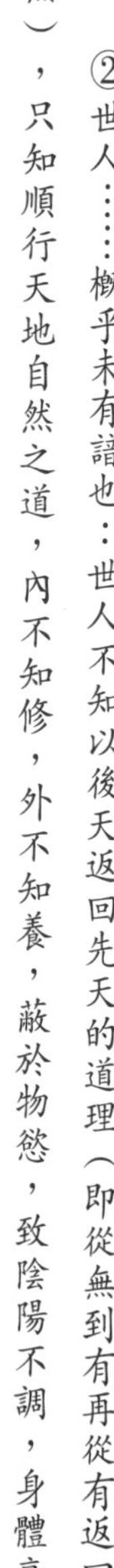

③惟聖人……復初歸元：是說只有對事物極為通達的人，才能揣摩通透逆用的道理，能掌握陰陽、奪造化之功，扭轉氣機，引導中和之氣，返回先天，復歸於最初之本原。

④保合太和：意即保持會合陰陽二氣，使陰陽調合，則事物無不和順。

⑤總不外乎……一氣者是也：接上面的意思，是說，要做到這些，不外乎用五行拳八卦拳中一氣伸縮的道理，也就是無極而生太極，太極即一氣，一氣生陰陽，陰陽變化而不已。

⑥式：原文此處為「勢」。原書「勢」「式」混用，本書統一作「式」。後同，不另注。

第一節　形意虛無含一氣學

虛無者，○是也。含一氣者⦶是也。虛無生一氣者，是逆運先天真一之氣也①。但此氣不是死的，便是活的，其中有一點生機藏焉②。此機名曰先天真一之氣，為人性命之根，造化之源，生死之本，形意拳之基礎也。

將動而未動之時，心內空空洞洞，一氣渾然，形跡未露，其理已具，故其形象太極一氣③也。

第一式

起點半邊向右，兩手下垂，左足在前，靠右足裏踝骨，為四十五度之式。內

舌頂上齶，穀道上提，此式是攬陰陽，奪造化，轉乾坤，扭氣機，逆運先天真陽，不為後天假陽所傷也④（圖二）。

圖2　含一氣圖

【注釋】

①虛無者……先天眞一之氣也：虛無以○表示，含一氣以⦶表示，前者為無極，後者為太極。虛無生一氣就是返回運用先天眞一之氣也。

②但此氣……生機藏焉：此氣不是靜止的，而是靈活變化的，其中含有一點生發之氣。

③太極一氣：人在將動未動時，動的意思已生，行跡雖未露，但動的道理已具於內，這便是太極一氣。

④此式是攬陰陽……不為後天假陽所傷也：首先說明此式是由無極式轉來的太極式。無極說明心內為虛無，太極則開始腹內有陰陽（先有一，相對則為二，二即陰陽），有陰陽就要生萬物，此定式即表示將生未生，將動未動之靜的情況。故此式要求練拳時掌握陰

陽造化之權，扭轉乾坤氣運之機。此時度用先天之眞陽，即前節所謂先天眞一之氣，亦即形意拳之基礎，不為後天假陽（後天拙氣拙力）所傷。

第二節　太極學

太極者，屬土也，在人五臟屬脾，在形意拳中之橫拳，內包四德。四德者即劈、崩、鑽、炮之拳名也。形者，形象也。意者，心意也。

人為萬物之靈，能感通諸事之應①。是以心在內，而理周乎物；物在外，而理具於心。意者，心之所發也。是故心意誠於中，而萬物形於外，內外總是一氣之流行也②。

第一式

起點身法，由靜而動，不可前俯，不可後仰，不可左斜，不可右歪，要和而不流，中立而不倚。左足在前，右足在後。左足後根③靠右足脛骨，為四十五度之式，如圖是也。

兩肩鬆開往下垂勁，兩肘緊靠脇。兩手抱心，左手在下，右手在上。左手食指向前伸，平直在下；右手中指亦向前伸，平直在上，蓋於左手食指之上，二指相合。頭要往上頂，項要直豎。腰要往下塌勁，兩胯雷根，均平抽勁。兩足後根均向外扭勁。兩腿徐徐曲下④，如圖是也。兩腿彎⑤曲要圓滿，不可有死彎子。身子仍不可有一毫之歪斜，心中不可有一毫之努氣。起點之時，心意如同人在平地立竿，將立定之時，心氣自然平穩沉靜，亦無偏倚，謂之心與意合，意與氣合，氣與力合，此之謂內三合也。

圖3　太極圖

不如是，則始有一毫之差，而終有千里之謬也。故求學者，宜深索焉。

又云：式立定之時，謂之雞腿、龍身、熊膀、虎抱頭，取名一氣含四象也。《易》云：四象不離兩儀，兩儀不離一氣。一氣自虛無兆質，兩儀因此一氣開根也。雞腿者，有獨立之形也；龍身者，三折之式也；熊膀者，項直豎之勁也；虎抱頭者，兩手相抱有虎離穴之式也（圖三）。

【注釋】

①能感通諸事之應：能感應通達諸事之理。

②是故……一氣之流行也：是說，人如能從內心中發出專誠對待一切事物，則一切事物都將變化其形質於外，是即內心與外形總是一氣流行之理。

③後根：當為「後跟」。後同，不另注。

④曲：當為「屈」。後同，不另注。

⑤彎：原文為「灣」，據文意改作「彎」。後同，不另注。

第三節　兩儀學

兩儀者，拳中動靜起落伸縮往來之理也。吾人具有四體百骸，伸之而為陽，縮之而為陰也。兩手相抱，頭往上頂，開步先進左腿。兩手徐徐分開，左手往前推，右手往後拉，兩手如同撕綿之意。

左手直出，高不過口，伸到極處為度，大指要與心口平，胳膊似直非直，似曲非曲，惟手腕至肘，總要四平為度。右手拉到心口為止，大指根裏陷坑，緊靠心口。左足與左手齊起齊落，後足仍不動。左右手五指具張開，不可併攏，左手大指要橫平，食指往前伸①，左右手大、二指虎口，皆半圓形。兩眼看左手大指食指梢。兩肩鬆開均齊抽勁，兩胯雷根亦均齊抽勁，是肩與胯合也。

兩肘往下垂勁，不可顯露，後肘裏曲，不可有死灣，要圓滿如半月形。兩膝往裏扣勁，不可顯露，是肘與膝合也。兩足後根均向外扭勁，不可顯露，是手與足合，此之謂外三合也。

肩要催肘，肘要催手；腰要催胯，胯要催膝，膝要催足。身子仍直立，不可左右歪斜。心氣穩定，看陽而有陰，看陰而有陽，陰陽相合，上下相連，內外如一，此之謂六合也。

雖云六合，實則內外相合。雖云內外相合，實則陰陽相合也。陰陽相合，三體因此而生也（圖四）。

【注釋】

①此式練法，後來曾改為立掌，但非九十度，塌腕，虎口要圓，手向前推，後面劈拳皆為立掌，練時要注意。

圖4　兩儀圖

第四節　三體學

三體者，天地人三才之象也，在拳中為頭手足是也。三體又各分三節：腰為根節在外爲腰，在內爲丹田；脊背為中節在外爲脊背，在內爲心；頭為梢節在外爲頭，在內爲泥丸；肩為根節，肘為中節，手為梢節；胯為根節，膝為中節，足為梢節。三節之中各有三節也。

此理乃合於洛書①之九數，《丹書》云：「道自虛無生一氣，便從一氣產陰陽，陰陽再合成三體，三體重生萬物張」②，此之謂也。

所謂虛無一氣者，乃天地之根，陰陽之宗，萬物之祖，即金丹③是也，亦即形意中拳之內勁也。世人不知形意拳中內勁為何物，皆於一身有形有象處猜想，或以為心中努力，或以為腹內運氣，如此等類，不可枚舉，皆是拋磚弄瓦，以假混真。故練拳者如牛毛，成道者如麟角，學者不可不深察也。

圖5　三體圖

以後演習操練，萬法皆出於三體式，此式乃入道之門，形意拳中之總機關也（圖五）。

【注釋】

①洛書：古代儒家關於《周易》和《洪範》兩書來源的傳說。《周易・繫辭》：「河出圖，洛出書，聖人則之。」漢儒孔安國以為：河圖則八卦也，洛書則九疇是也。

②道自……重生萬物張：語出北宋張伯端的《悟眞篇》，即道教養生功法的主要經

典，與《老子》四十二章「道生一，一生二，二生三，三生萬物」意思相同，故謂丹書云。道指宇宙本體，定名為一；一生二，即陰陽，亦即天地；二生三，即陰陽二氣和沖氣。沖氣即陰陽相合之氣，這才能生萬物。

拳中本此意說無極生一氣，一氣生陰陽，拳中之陰陽變化則拳道成。伸縮往來皆陰陽之變化，變則無窮。

③金丹：此處金丹指虛無一氣，即拳中的內勁，與道教所煉之金丹不同，在此是比喻內丹。

第五節　演習之要義

形意拳演習之要，一要塌腰；二要縮肩；三要扣胸；四要頂；五要提；六橫順要知清；七起鑽落翻要分明。

塌腰者，尾閭上提，陽氣上升，督脈之理也。縮肩者，兩肩向回抽勁也。扣胸者，開胸順氣，陰氣下降，任脈之理也。

頂者，頭頂、舌頂、手頂是也。提者，穀道內提也。橫者，起也。順者，

落也。起者，鑽也。落者，翻也。

起為鑽，落為翻；起為橫，落為順；起為橫之始，鑽為橫之終；落為順之始，翻為順之終。頭頂而鑽，頭縮而翻；手起而鑽，手落而翻；足起而鑽，足落而翻。腰起而鑽，腰落而翻；起橫不見橫，落順不見順。起是去，落是打，起亦打，落亦打，打起落，如水之翻浪，是起落也。

勿論如何起落鑽翻往來，總要肘不離脇，手不離心。此謂形意拳之要義是也。知此，則形意拳之要道得矣。

第一章　劈拳學

劈拳者，屬金，是一氣之起落也。前四節三體重生萬物張，三體總是陰陽相合。陰陽相合，總是上下內外合為一氣。故其形象太極，是三體合一，是氣之靜也。氣以動而生物。其名為橫，橫屬土，土生萬物，故內包四德。按其五行循環之數，是土生金也。故先練習劈拳。

劈拳者，是氣之起落上下運用之，有劈物之意，故於五行之理屬金，其形象斧，在腹內則屬肺，在拳中即為劈。其勁順，則肺氣和；其勁謬，則肺氣乖。

夫人以氣為主，氣和則體壯，氣乖則體弱，體弱即必病生，而拳亦必不通矣。故學者不可不先務也。

第一節 劈拳起點式

起點時（圖六），先將左手往下直落，到丹田氣海處俗名小腹，再由臍往上鑽到口，手如同托下頦狀，再與左足一齊往前起鑽。手心朝上握拳往前鑽，與足相齊，高不過眼，低不過口。左足往前墊步時，遠近隨乎人之高矮，只要身體前走不費力，為至善處。落時左足尖往外扭，扭至九十度為至善處，如圖是也（圖七）。

此時襠①要內開，右手從右邊拉到右脇，手心朝上握拳靠住。

圖6 三體式

圖7 劈 拳

【注釋】

①襠：原文「膭」當作「襠」。後同，不另注。

第二節　劈拳換掌式

再出時與右足齊去，右手出時，隨出隨翻。到前手時，右手心朝下，右手中指於左手食指根上出手，徐徐拉開，右手往前推，左手往後拉，手足齊落，仍與三體合一之式相同，是展開四平前後梢也。

再往前進，與左式相同，左右進退落起形式，皆有行如槐蟲，起如挑擔之意。回身看地之遠近勿拘。但勿論遠近，須出去左手左足時再回身，取天左旋之義。身本右轉，因劈拳屬金，故取天左旋之義（圖八）。

圖8　劈　拳

第三節 劈拳回身式

回身時，將左手左足一齊扭回，左足在後如圖形是也（圖九）。

左手挽回在左脇心口邊靠住，右手與右足並身回向後來，右手右足出式，仍如同三體合一之式。左手左足起式鑽翻相同，左手左足出去，仍與往來練時左右出手起落相同。往來蹚①子多寡，須自己隨便勿拘。

圖9 劈 拳

若是人數多者，或十數人，或數百人，以至千萬人，往來蹚子多寡，總按操練時預備的口令，教習所教，為定行止可也。

【注釋】

①蹚：音ㄊㄤ，此處指來往的次數，當作「趟」。

第四節　劈拳收式

收式時，走到原起點處，回身仍還於起點三體式為止。惟右足要往前跟步，不可離前足太近。心沉沉穩住，提頂合口，鼻孔納息仍如前，片時隨便休息。休息時，提頂出納亦如前（圖十）。

圖10　劈　拳

先賢云：休息時，眼不可低頭下看，要微微仰頭上看，只因眼上翻屬陽，眼下視屬陰故也。眼上翻能泄陰火，頭目自清。眼下視屬陰，陰火上撞，目紅頭暈，此之謂也。

又云：舌頂上齶，口內若生津液，務將嚥下腹內，以免喉內乾燥。後仿此，學者謹記。

第二章　崩拳學

崩拳者，屬木，是一氣之伸縮，兩手往來之理也。式如連珠箭，在腹內則屬肝，在拳中即為崩，所謂崩拳似箭，屬木者是也。

其拳順則肝氣舒，其拳謬則肝氣傷，肝氣傷則脾胃不和矣。其氣不舒，則橫拳亦必失和矣。此拳善能平氣舒肝，長精神，強筋骨，壯腦力，故學者，當細研究也。

第一節　崩拳起點式

起點時（圖十一），左右手同時將拳緊緊握好，如螺絲形，將胳膊伸直，前左肘暗含着①往下垂勁，後右肘往後

圖11　三體式

拉勁，亦要往下垂勁。兩肩鬆開，兩眼往前看左手食指中節。出右手時，左足極力往前進步，右手同時往前靠著脇與前拳上邊，相離寸許出手，如箭直去。

左手同時拉回，緊緊靠住左脇心口邊，右足亦同時隨後緊跟，到前足後邊相離四五寸許為度。起落時，左右手俱齊勿論，左右手在前高低，總要與心口相齊（圖十二）。

圖12　崩　拳

【注釋】

①着：原文「著」同「着」。後同，不另注。

第二節　崩拳換手式

再起時，左足仍極力進步，左足仍在前，右足仍在後緊跟，相離四五寸

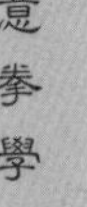

許，與左式相同。左手起往前如右手直去，右手仍往後拉如左手，亦拉至右脇心口邊。此形有對待錯綜交互之義，手數多寡，看地形之遠近，自便勿拘。然勿論地之遠近，總要出去右手停住，再回身（圖十三）。

圖13 崩 拳

第三節 崩拳回身式

回身時，將左足扣①回，亦同九十度之式，如圖形是也。起時再將右手落下手心朝裏，順著身由臍往上鑽到口，亦如托下頦狀。回身右腿與右手同時往上起，高矮膝與肘相離二寸許。右足尖朝外，斜著極力往上仰，勿伸腳面。此時右手仍如劈拳式鑽出停住，右足極力往前進，落下亦如九十度之形式，左手同時與右足齊起齊落。右手同時往回拉至心口為度。此時兩手五指張開，仍如劈拳相撕之意。

左足同時跟隨在後邊，足尖相對右足外脛骨，足後根欠起寸許，兩腿如剪子股式。兩眼仍看前手大指根食指梢。此形是狸貓倒上樹之式也（圖十四）。

【注釋】

①抅：音ㄍㄡ，古同「拘」，勾拉。後同，不另注。

第四節　崩　拳

再往回走時，右足先往前墊步，與劈拳勢步相同，兩手仍攥拳如前。右

圖14　崩　拳

圖15　崩　拳

手與左足同時前進仍如前。回身亦如前（圖十五）。

第五節　崩拳收式

收式時，回到原起點處，仍回身狸貓倒上樹之式。再如前出去，右手與左足停住。收時先將右足往後撤回。相離遠近，再撤左足之時不費力為至善處。足落仍如九十度之形式，左足亦往後撤，仍如剪子股式，左手與左足往後撤時往前直出，右手亦同時往後拉至心口靠住，兩手皆拳。

每逢剪子股式，左膝緊靠右腿裏曲，膕內不可有縫，緊緊靠住用力，亦不可過與不及。此時兩眼仍看前手食指中節，食指中節仍與心口相平直。兩肩兩胯裏根，抽勁仍如前，頂提亦如前，沉沉穩住，片時隨便休息（圖十六）。

圖16　崩　拳

第三章　鑽拳學

鑽拳者，屬水，是一氣之曲曲流形，無微不至也。鑽上如水在地中忽然突出，亦如泉水之上翻似閃。在腹內則屬腎，在拳中即為鑽。所謂鑽拳似閃屬水者是也。其氣和則腎足，其氣乖則腎虛，腎虛則清氣不能上升，濁氣不能下降矣。其拳不順，真勁即不能長，而拙勁亦不能化矣。學者當知之。

第一節　鑽拳起點式

起點時（圖十七），兩手握拳，先將前足如劈拳式，往前墊步，遠近亦相同。出手時，前手心朝下，後手心朝

圖17　三體式

上，左手往回拉至心口下臍上，大指裏根緊靠腹。右手出時，從左手背上出去，鑽出之手高不過眉，手心仍朝裏對自己眼睛，手離眼尺餘停住。右足進步，與右手同時齊去極力前進，兩足相離遠近，亦與拳劈步①相同。手足起落仍要齊，兩肩兩胯抽勁，仍與前三體式同。腰塌勁亦然，惟眼上翻看食指中節（圖十八）。

圖18 鑽 拳

【注釋】

①拳劈步：原文「拳劈步」，據上下文意，當作「劈拳步」。

第二節 鑽拳換手式

再起，右拳手腕往外扭勁，手心朝下。左拳手腕往裏扭勁，手心朝上。右足墊步。兩手兩足，起落進步，仍與左式相同，勿差分毫。手數多寡，仍看地形遠近自便。然勿論遠近，亦總須出去左手時再回身（圖十九）。

第三節　鑽拳回身式

回式時，左足扣回逢足往裏勾，足後根極力往外扭勁爲要，左手同時將拳扣回至口處，手心朝下，手腕往外扭勁停住。右拳手腕往裏扭勁，扭至手心朝上，如劈拳鑽出。

兩手仍如前法起落，右足同時與右手齊起齊落，仍如左右陰陽相摩之形式

圖19　鑽　拳

圖20　鑽　拳

（圖二十）。

第四節　鑽拳收式

收式時，走到原起點處，左手左足在前停住。回身手足起落與右式相同，頭頂塌腰之勁亦然。

收時左足極力進步，與前無異。惟右足緊跟在後，亦如劈拳收式跟步相同，穩住片時休息如前（圖二十一）。

圖21　鑽　拳

第四章　炮拳學

炮拳者，屬火，是一氣之開合，如炮忽然炸裂，其彈突出，其性最烈，其形最猛。在腹內則屬心，在拳中即為炮，所謂炮拳似炮屬火者是也。其氣和則心中虛靈，其氣乖則心中朦昧，其人必愚矣。其拳和則身體舒暢，其拳謬則四體失和矣。學者務深究此拳也。

第一節　炮拳起點式

起點時（圖二十二），身子勿移動，右手靠著身子先推出，與左手合成一氣，再與左足一併①極力往前出。惟左右手，徐徐往下斜著伸去。右足隨後

圖22　三體式

起，與左脛骨高相齊，進至足左裏脛骨時勿落。

兩手一氣，一齊握拳，拉回提至小腹左右靠住，兩手心皆朝上。左足與兩手同時提起，右足亦同時落地。左足提起時，緊緊靠住右足裏脛骨。身子仍如陰陽相合之式，腰要極力塌勁穩住（圖二十三）。

圖23 炮 拳

【注釋】

①一併：原書為「以並」，據上下文意，當作「一併」。

第二節 炮拳進步式

進步時，左手順著身子往上鑽，肘往下垂勁，拳鑽至頭正額處，右手同時起至心口邊處。此時左手拳外腕，極力往外扭勁，至手心朝外，手背緊靠正

額，右手同左手翻時，由心口直出，與崩拳相同。左足極力一齊與右手往前進步，右足隨後跟，相離遠近，亦與崩拳步相同。左足在前，右足在後，右手在前，左手在上正額處，亦是錯綜之義。兩眼看前手食指中節，前拳高低仍與心口平。手足起落，鑽翻進步，總要齊整為佳。兩肩均鬆開抽勁，取其虛中之意也（圖二十四）。

圖24　炮　拳

第三節　炮拳換手式

換式，先將兩手腕均朝裏扭勁，往小腹處落下，手心朝上，緊緊靠住，兩肘亦靠住兩脇。左足亦同時往前墊步，足要直出停住。再起右足靠著左足脛骨往右邊斜著進步，與左式相同。

右手順著身子鑽上去到頭正額處，手腕向外扭勁，手心朝外，手背靠著正額。肘要垂著勁翻手，左手同時到心口邊出去，與右足齊出。左足跟步，亦與左式相同。肩抽勁仍如前式，手數多寡自便。勿論手數多少，出去左手右足再回式（圖二十五）。

第四節　炮拳回身式

回式時，兩手仍如前落在小腹處。右足極力回勾，與手同時起。身子向左轉，左足提起，靠住右足裏脛骨，仍然如前。

圖25　炮　拳

圖26　炮　拳

左足極力斜著進步，右足隨後跟步如前。右手出去仍如前，左手上鑽翻扭勁亦如前（圖二十六）。

第五節　炮拳收式

收式時，到原起點處，仍然左手與右足在前，身子仍向左轉，手足仍如前法回身相同。

右手左足出去穩住，不可慌，少停片時休息（圖二十七）。

圖27　炮　拳

第五章　橫拳學

橫拳者，屬土，是一氣之團聚也。在腹內則屬脾，在拳中即為橫。其形圓，是以性實；其氣順，則脾胃和緩；其氣乖，則脾虛胃弱，而五臟必失和矣。其拳順，則內五行和而百物生；其拳謬，則內氣必努力矣。內氣努則失中，失中則四體百骸無所措施，諸式亦無形矣。

其氣要圓，其勁要和，萬物土中生，所謂橫拳似彈屬土者是也。先哲云：「在理則為信，在人則為脾，在拳則屬橫。」

人而無信，百事不成，人傷其脾，則五臟失調，橫拳不和，百式無形。此言形名雖殊，其理則一也。

橫拳者乃形意之要著也，學者不可不慎詳之。

第一節　橫拳起點式

起點時（圖二十八），兩手一齊握拳，左拳手心朝上，右拳手心朝下。出手時，將右手背往左肘下出去向左手背，此時左手停住勁，不可移動。俟出左足時，右手與左足相錯綜著斜出，右足隨後跟步在後，兩足相離遠近，如炮拳跟步相同。

圖28　三體式

進步時，兩手擰住勁，右手腕向裏翻，翻至手心朝上，連翻帶擰，直往前鑽到極處為度，不可有曲勁。左手腕向外擰勁，至手心朝下，手背向上，同時向後拉至右肘停住。

兩手分開時，如同兩手撕綿不開之意。兩肩均合住抽勁，如同扣胸之狀，暗含著抽，可莫顯露著抽，心不可使努力，要自然為妙。此時兩眼看右手心，兩胳膊如同太極圖陰陽魚半面之形，前手高低與前胸平（圖二十九）。

第二節　橫拳換手式

換式時，先將左足往前墊步，再往右邊斜著進步，仍與炮拳步相同。惟兩手如左式將右手停住勁，左手再從右肘下邊，手背朝上，往前奔右手背。左手腕朝裏擰勁，直往前鑽。連鑽帶①擰勁，直鑽到極處，手心朝上停住。右手腕朝外擰勁，連擰帶往後拉，拉至左手背朝上停住。

兩手分開時，亦如同左式撕綿之

圖29　橫　拳

圖30　橫　拳

意，兩胳膊仍如太極圖陰陽魚半面之形。手足仍錯綜著，抽勁仍如前，眼看亦仍如前式，手數多寡仍自便。勿論遠近，出去左手右足，再回式（圖三十）。

【注釋】

①帶：原文「代」誤，改為「帶」字。

第三節 橫拳回身式

回式時，先將右足極力往裏勾回，足後根極力往外扭勁。左手停住勁，回身向左轉。右手背朝上，仍從左肘下往前，左手背處出手。左足與右手同時進步斜著出去。

兩手分開之勁，仍如前式，勿更易（圖三十一）。

圖31 橫 拳

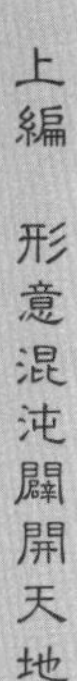

第四節　橫拳收式

收式時，走到原起點處，左手右足在前，回身仍與前回身式相同，回過身時，右手左足在前，進步、跟步仍如前式，停住（圖三十二）。

圖32　橫　拳

第六章 五拳合一進退連環學

連環者，是五行合一之式也。五行分演，而為五行拳五綱之謂也；合演而為七曜連珠連環之謂也，分合總是起鑽落翻陰陽動靜之作為。勿論如何起鑽落翻，總是一氣之流行也，起落鑽翻亦是一氣流行之節也。

《中庸》曰：「喜怒哀樂之未發謂之中，發而皆中節謂之和。」拳技亦云：「起鑽落翻之未發謂之中，發而皆中節謂之和①。中也者，形意拳之大本也。和也者，形意拳之達道也②。五行合一，致其中和，則天地位，萬物育矣！若知五行歸一和順，則天地之事，無不可推矣③。」

天為大天，人為一小天，天地陰陽相合能下雨，拳腳陰陽相合能成其一體，皆為陰陽之氣也。內五行要動，外五行要隨④。靜為本體，動為作用；若言其靜，未漏其機；若言其動，未見其跡，動靜正發而未發之間，謂之動靜之

機也。先哲云：知機⑤者其神乎。故學者當深研究此三體相連、二五⑥合一之機也。

【注釋】

①拳技……謂之和：接上句意說，起鑽落翻亦為一氣之節。練拳時在起落鑽翻之未發謂之中，發時要合於規矩，無過不及即謂和。

②中也者……形意拳之達道也：是說「中」是形意拳之根本，「和」是形意拳中的道理，就是中節。達者通曉也，道在拳中即為拳中的道理，亦即規矩法則。練時皆合拳中規矩法則，將拳練至中和，即陰陽相濟。

③五行合一……無不可推矣：這裡五行合一指五行拳合一，將拳練至中和之境。天地正位即陰陽相合，萬物可生。五行歸一合順，內外一致，那麼天地間之事便都可依理而知之。

④內五行……要隨：內五行即肺、肝、腎、心、脾，因其存在於體內，故為內五行。肺通鼻，肝通目，腎通耳，心通口舌，脾通人中，這是五臟行諸外者，謂之外五行。內中一動則外形必隨。內中一氣流行，外形就會和順。外面形式之順，是內中神氣之和；外面形式之正，是內中意氣之中，這就是內外合一。

⑤知機：能察知欲動之意，便能達到神妙之極。

⑥二五：二，指陰陽，五，指五行。周敦頤《太極圖說》「五行一陰陽也，陰陽一太極也，太極本無極也。五行之生也，各一其性，無極之眞，二五之精，妙合而凝。」

第一節　連環拳起點崩拳式

起點時（圖三十三），兩手攥上拳，進步與崩拳同式，如行軍直陣形之理（圖三十四）。

第二節　連環拳青龍出水

退步與崩拳收式時剪子股式同，如

圖33　三體式

圖34　連環崩拳

行軍出左翼，謂之青龍出水（圖三十五）。

第三節　連環拳黑虎出洞

再換式為黑虎出洞。出右手右足，右足出去要直，左足斜著隨後跟步，後左足裏脛骨須相對前右足腳後根。右手從右脇與心口平著直出，拳仍與崩拳相同。兩眼看右手食指中節。

左手腕朝裏扭勁，手心朝上，與右手同時往後拉，拉至右脇停住。兩手出拉之時，總是兩肩裏根均往回抽勁。進步之時，兩胯裏根亦均往回抽

圖35　青龍出水

圖36　黑虎出洞

勁。

此式名黑虎出洞，與行軍出右翼同理（圖三十六）。

第四節　連環拳白鶴亮翅

白鶴亮翅，先將右手屈回在心口下邊，與左拳相對，兩手心緊靠腹。再將兩拳手腕向外扭勁至兩手背向裏，一齊徐徐往上起，至頭正額上邊，再往前後如同一條線分開到極處。兩拳如同畫成上半圓形，伸至兩拳前後相對，均與肩平停住。

然後左足極力往後退步，兩拳一齊往下落，如同下半圓形落至小腹處。兩肘靠脇，左手張開，右手仍是拳，手背落至左手掌中。手起時兩眼看兩拳，手落時兩眼看右手隨著下落。右足與兩手同時往回撤至左足處，右足仍直著，足後跟緊靠左足裏脛骨。

身體要三曲折形，惟腰極力塌下勁，兩肩兩胯均如前抽勁，頭仍頂住勁，

身要穩住，兩眼再往前看。此謂如行軍陣圖兩翼翕張之式，故名白鶴亮翅（圖三十七）。

第五節　連環拳炮拳式

再變為炮拳，將右手往上鑽，鑽至頭正額，手腕向外扭勁，手背仍靠正額處。左手亦同時鑽至心口直往前出，右足亦同時往前進步。左足亦隨後緊跟步，停住，與單習炮拳相同。

惟此式直往前進步，不斜著進步。此謂兩翼合一直進，名為銳形，故名曰炮拳（圖三十八）。

圖37　白鶴亮翅

圖38　連環炮拳

第六節　連環拳劈拳式

再變為劈拳，左手往下落似半圓形，如劈拳劈物形式，落至小腹處。左足極力往後退步要直著。左手心朝裏，順著身子往上直鑽至心口。右手再直往前往下劈去，伸到極處。左手從嘴往前劈去。

圖39　連環劈拳

此時右手從左手下邊拉回，兩手仍似劈拳撕法撕開，右手拉至右脇停住。右足亦同時退至左足後邊，相離遠近與劈拳式相同。兩眼看左手大指根食指梢，兩肩兩胯均鬆開抽住勁。

此時身子陰陽相合之式，腹內如同空洞相似為妙。此式取金方之義，故名劈拳式（圖三十九）。

第七節　連環拳包裹式

變為包裹式，亦名為橫拳。兩手皆先將中指、無名指、小指極力一齊捲回，兩手大指、食指均皆伸直，兩手心均暗含與兩肩相合著抽勁，不可顯露。再將左手往下落至小腹處，手腕向裏裹，左肘緊靠左脇。手往上鑽至口處，手腕再向外扭勁，斜往前擰著勁出手，到極處手心朝下。雖然胳膊斜出，總是於心口出去之意相同。

圖40　包　裹

左手朝裏裹時，左足同時回至右足脛骨前邊，足尖著地，足後根欠起，再一齊同左手出去仍回原處。左足似落未落之時，右手從右脇手腕朝裏裹勁，從心口至嘴往前鑽出，到極處手心朝上，食指伸著，與嘴相對又平著。左手俟右手出時，即往回拉，拉至左脇仍手心朝下停住。右足同時隨後跟步。

此式亦錯綜著，身子三折式形，小腹放在左腿根上為度。此名為包裹之式，亦名圓形屬土（圖四十）。

第八節　連環拳狸貓上樹式

換為狸貓上樹之式。先將左足往前墊步，再起左手右足，一齊極力前進。右手同時拉回至心口右邊，左足亦同時隨後緊跟步。兩腿仍剪子股式，兩手皆張開，兩肩兩胯均齊抽勁，不可有一舛錯不齊，使內氣不得中和，醜態百出，拙氣盡生，人雖有勇敢之心，亦不能有所得也，學者慎之。

此謂狸貓上樹之式，如陣圖爪牙之形，又剪子股式，如擒拿是也（圖四十一）。

圖41　狸貓上樹

第九節　連環拳崩拳式

變崩拳式。先墊右足，再極力進左足出右手，左手拉回至心口左邊，右足隨後緊跟步。手足用勁與兩足相離遠近，仍與崩拳相同，不可相差分毫，停住再回身。

此謂直形，亦追風趕月不放鬆之謂也（圖四十二）。

第十節　連環拳回身式

回身為狸貓倒上樹之式，仍與崩拳回身剪子股式相同停住。

圖42　連環崩拳

圖43　狸貓倒上樹

此式如同行軍敗中取勝之式，故名為狸貓倒上樹（圖四十三）。

第十一節　連環拳回演

回演仍墊右足，進左足，出右手，左手拉回，右足隨後跟步。形式用勁，仍與第一節至第十節各式相同。

第十二節　連環拳收式

收式，仍與崩拳收式相同（圖四十四）。

圖44　連環收式

第七章　五拳生剋五行炮學

前七曜連珠者，是五綱①合一演習而成連環，是陰陽五行演成合一之體也。此謂五行生剋變化分佈之用也，又謂之五行炮拳。

前者五行單習，是謂格物修身②。而後者五行拳合一演習，是謂連環，為齊家。有克明德之理。此謂家齊，是五行拳各得其當然理之所用③，而又謂明德之至善也④。

先哲云：為金形，止於劈；為木形，止於崩；為水形，止於鑽；為火形，止於炮；為土形，止於橫，五行各用其所當，於是乃有明德之至善之謂也，故名五行拳生剋變化之道也。

【注釋】

①綱：原文「鋼」誤，改為「綱」。

②格物修身：格物是指深究事物的道理取得知識。見《禮記・大學》「致知在格物」。修身，是說涵養德性，並能實踐，修養身心，內外一致。施之於拳術，單習時務要深究各形之理。一氣流行，內外一致，內修外養，練拳之道就可以達到了。

③有克明德……理之所用：克，是能夠的意思，明德，是光明之德也，見《禮記・大學》「大學之道，在明明德」。克明德是說，五行拳單練，能格物修身；五行拳合演，則能齊家、顯明德。這便是五形拳各得其用，是按其當然之理而應用的。

④而又謂明德之至善也：五行拳按各形之理，深思體驗便能各得其用。如能用之得當，就能達到明德最好的境界。

第一節　五行生剋拳

預備甲乙二人，合演對舞。起點時，二人分上下手，均站三體式。

圖45　甲乙合演

甲上手，乙下手。乙先進步用右手打崩拳，甲用左手扣乙的右拳，兩足亦同時向後撤步。左足仍在前，右手仍在右脇（圖四十五）。

第二節　五行生剋拳

乙再進步用左手，仍打崩拳。甲再將左足尖向外斜橫著墊步，左手起鑽仍與劈拳相同，鑽至乙的左手外邊，手心向裏停住。

右手急速從右脇向著自己的左手出去，再向乙的頭肩劈下去。右足亦與右手同時進至乙的左足外後邊落下。是劈拳能破崩拳，謂之金剋木也（圖四十六）。

圖46　甲乙合演

第三節　五行生剋拳

乙再將左拳往上鑽翻是手腕向外翻也，右手速向甲的心口打去，兩足不動，是謂炮拳。所以崩拳屬木，炮拳似炮屬火，木能生火。崩拳能變炮拳，炮拳屬火，火剋金，所以炮拳能破劈拳也（圖四十七）。

第四節　五行生剋拳

甲再將右足提起抽回，至左足前面，足尖向外斜橫著墊步。左拳往下落向裏裹勁，肘靠脇壓住乙的右手，即速將自己的右手抽回右脇，再將左足向前進步，至乙的右足裏邊。右拳手心向上，順著自己身子，肘靠著脇，與左足同時向著乙的左手裏邊下頦鑽去。兩眼看乙的眼，俟其變動。此謂鑽拳能破炮拳。

劈拳屬金，鑽拳屬水，是金生水，劈拳能變鑽拳。水剋火，所以鑽拳能破炮拳也（圖四十八）。

圖47　甲乙合演

圖48　甲乙合演

第五節　五行生剋拳

乙再將右拳抽回右脇，左手同時斜著勁，向著甲的右肘上胳膊推去，謂之取甲的斜勁，兩足不動，是謂橫拳能破鑽拳。

炮屬火，橫屬土，火生土，是炮拳能變橫拳。土剋水，所以橫拳能破鑽拳也（圖四十九）。

第六節　五行生剋拳

甲再將右手抽回，左手同時對乙的心口打去，兩足不動，是謂崩拳。鑽拳屬水，崩拳屬木，水生木，是鑽拳能變崩拳。木剋土，所以崩拳能破橫拳也（圖五十）。

圖49　甲乙合演

圖50　甲乙合演

第七節　五行生剋拳

乙即將右手扣甲的左拳，乙再將左手左足撤回至右足後邊，如劈拳形式（圖五十一）。

圖51　甲乙合演

第八節　五行生剋拳

甲再進步打右手崩拳（圖五十二）。

圖52　甲乙合演

第九節　五行生剋拳

乙再將左手扣甲之右拳，乙的右拳右足如前式撤回（圖五十三）。

圖53　甲乙合演

第十節　五行生剋拳

甲再進步打左手崩拳（圖五十四）。

圖54　甲乙合演

第十一節　五行生剋拳

乙即將左手，如單打劈拳式，從小腹處鑽出在甲的左手外邊，手心朝上。再出右手進右足，劈法進法，各項的勁，與甲第一式相同。

此式亦劈拳破崩拳，謂之金剋木也（圖五十五）。

第十二節　五行生剋拳

再演甲為乙的前式，乙為甲的前式，來往循環，直如一氣之伸縮往來之理。若得此拳之意味，真有妙不可言處。

先哲云：「太極之真，二五之精」①，亦是此拳之意義也。

圖55　甲乙合演

（上卷終）

【注釋】

①見前第六章注⑥。

下編　形意天地化生十二形學

天以陰陽五行，化生萬物，氣以成形，而理即敷焉①。乾道成男，坤道成女，而人道生焉。天為大天，人為小天。拳腳陰陽相合，五行和化，而形意拳出焉②。氣無二氣，理無二理③。

然物得氣之偏，故其理亦偏；人得氣之全，故其理亦全。物得其偏，然皆能率夫天之所賦之性，而能一生隨時起止，止於完成之地④。

至於人，則全受天地之氣，全得天地之理，今守一理，而不能格致萬物之理，以自全其性命，豈非人之罪哉⑤！況物能跳舞，效法於人，人為萬物之靈，反不能格致萬物之理，以全其生，是則人而不如物矣，豈不愧哉！

今人若能於十二形拳中，潛心玩索，以思其理，身體力行，知行合一，不

惟能進於德，且身體之生發，亦可以日強矣⑥。學者胡不於十二形拳中，勉力而行之哉。

十二形者，是天地所生之物也，為龍、虎、猴、馬、鼉、雞、鷂、燕、蛇、駘、鷹、熊是也。

諸物皆受天地之氣而成形，具有天理存焉⑦。此十二形者，可以該括⑧萬形之理，故十二形為形意拳之目，又為萬形之綱也。所以習十二形拳者，可以求全天地萬物之理也。

【注釋】

①天以……理即敷焉：是說，天以陰陽、五行之精化生萬物，一氣成形，陰陽變化之理即鋪陳在內了。敷，布也。

②拳腳……而形意拳出焉：指練拳能陰陽相濟，五行中和。前邊提到，「中」是形意拳之根本，所以形意拳由此而出。

③氣無二氣，理無二理：氣指先天一氣，理指陰陽變化之理。

④物得……止於完成之地：雖然物得天地之氣偏，其能長短各異，從無兼全者，但都

能遵循先天所給予的性能而隨時起止，直到完成。

⑤至於人……豈非人之罪哉：是說，人受天地之氣與理雖全，但只守一理，而不能對萬物之理性，明瞭透澈，致危及自身性命，這種罪責是人自己應該負的。

⑥今人……亦可以日強矣：是說，人在練拳時，透過實踐，對於十二形中之物的性能，深思其理，採其所長，以為己用。如此則能內修其德，外練體魄，身體自能強壯。

⑦具有天理存焉：天理，指天地陰陽變化之理，隨生俱來。

⑧該括：包羅，概括。

第一章　龍形學

龍形者，有降龍之式，有伏龍登天之形，而又有搜骨①之法。龍者真陰物也龍本屬陽，在拳則屬陰，在腹內而謂心火下降。

丹書云：龍向火中出是也，又為雲，雲從龍，在拳中而謂龍形。此形式之勁，起於承漿之穴即唇下陷坑處，又名任脈起處，與虎形之氣輪迴相接，二形一前一後，一升一降是也②。其拳順則心火下降，其拳謬則身必被陰火焚燒矣。身體必無活潑之理，而心竅亦必不開矣。故學者，深心格致，久則身體活潑之理，自然明矣。

【注釋】

①搜骨：搜骨二字，各家引用均無解釋。搜，古人作搜，音ㄙㄡ，《玉篇》解作「聚也」。龍既有升降、起伏、屈伸變化之能，當從緊聚收縮其筋骨開始。一張一弛，一伸一

屈，然後才能萬變。因此竊疑「搜骨」即縮骨。搜與縮聲母同，韻部通（同屬江有誥《古韻二十一部總》第三部，搜平聲，縮入聲，平入相配），故「搜」可借為「縮」。

②與虎形……一升一降是也：龍形之勁起自承漿穴（即唇下陷坑處），即任脈起處，其氣下降，而虎形之氣自臀尾長強穴，即督脈起處，其氣自下上升，所以說二形一前一後，一升一降，二氣輪迴相接。

第一節 龍形起點式

起點三體式（圖五十六）。先將左足尖向外扭，斜橫著朝前墊步，足心欠起。右足扭直，足尖著地，足後跟欠起。兩手如劈拳，右手出去，左手抽回。兩胯裏根鬆開勁，身子伏下。小腹全放在左腿上，如龍下潛之意。

圖56 三體式

兩眼仍看前手食指，手仍與心口平，腰仍然塌勁，兩肩鬆開抽勁，仍如前法式，穩住再換（圖五十七）。

第二節　龍形換式

換式，將右手如劈拳摟回鑽出，左手出去兩手仍如劈拳。惟兩腿調換，左腿抽至後邊，如右足式。右腿進至前邊，如左足式。

兩腿抽換之時，與兩手同時起，如飛龍升天之意，落下四梢具要齊。抽換之時，身子不可往上起，頭要暗含著頂勁，身子總有上起之形，乃隨著意而起

圖57　龍　形

圖58　龍　形

也，穩住再換式（圖五十八）。

第三節　龍形再換式

再換式，兩手起落，兩腿抽換，兩肩兩胯鬆開抽勁，仍然如前。惟換式鑽手之時，眼跟著手往上看，下頦往前伸，又往上兜勁，取任脈起於承漿之意也。數之多寡自便（圖五十九）。

圖59　龍　形

第四節　龍形收式

收式，仍還於左式。右手左足在前，穩住，再將右手抽回，左手出去，仍還三體式休息（同圖五十九）。

第二章　虎形學

虎形者，有伏虎離穴之式，而又有撲食之勇也。在腹內為腎水清氣上升。丹書云：「虎向水中升」是也。又為風，風從虎，在拳中而為虎形。臀尾名督脈，又名長強起落不見形，猛虎坐臥出洞中是也。其拳順，則清氣上升而腦筋足矣。其拳逆，則濁氣不降而諸脈亦不貫通矣。醫書云：督脈為百脈之原，督脈一通，諸脈皆通，即此意也。

學者務格其虎形之至理，而得之於身心，以通諸竅。

第一節　虎形起點式

起點仍是三體式（圖六十），先將

圖60　三體式

左手右手具往前稍往下斜著伸直，身子仍是陰陽相合著抽住勁，不可有移動。左足先墊步，再將右足極力前進，過去左足一二尺，不等落地，左足即提起，緊靠右足脛骨。兩手與左足亦同時摟回，提至小腹處，手心向上握拳，兩肘緊緊靠脇，腰往下塌勁。

圖61　虎　形

摟提起落總以腰塌勁為主，不然則身體不能輕矣。頂提身體相合仍如前法穩住。此式無論遠近，束身一躍而去，並非縱跳也（圖六十一）。

第二節　虎形進步式

再出左足，斜著往前進步，右足隨後跟步與練炮拳相同。兩手順著身子鑽上至下頦處，往前連鑽帶翻兩手腕均向外扭勁，向前撲出，兩手虎口與心口平。兩肩向外開勁，又向後抽勁。

左足直著，與手同時前進。右足跟步與練炮拳相同，兩眼看兩手當中，穩住（圖六十二）。

圖62 虎 形

第三節 虎形換式

再進換右式，先將左足直著往前墊步，與炮拳墊步相同。兩手一齊與左足墊步之時，同時落至小腹處，與劈拳單手落法相同，此不過兩手齊落，與足如一。兩眼再看右邊，遠近將眼正住，不仰不俯，譬如算學，身為股，地上為勾，眼看處為弦，是為目的，此看法眼不能生浮火也。

第四節 虎形換式

再進，步法與炮拳相同，兩手如左式，撲出均皆相同。數之多寡隨便，無論多少總以出去右式，右足在前停住再回身（圖六十三）。

第五節　虎形回身式

回身向左轉，扣右足進步與炮拳相同。兩手與扣右足時，一齊落在小腹處。兩手仍與左足同時撲出，再進仍與前式相同（圖六十四）。

第六節　虎形收式

收式仍出去右式，右足在前，停住。回轉進步，兩手撲出，亦仍與回身之式相同。回過身時穩住片時，休息。

圖63　虎　形

圖64　虎　形

第三章　猴形學

猴形者，物之最精最巧者也。有縮力之法，又有縱山之能。在腹內則為心源，在拳中謂之猴形。其拳順，則心神定靜，而形色亦能純正。其拳謬，則心神搖亂，而形色亦即不和，手足亦必失宜矣。

《孟子》云：根心生色現於面，盎於背，施於四體，亦此氣之謂也①。此形之技能，人固有所不能及，然格致此技之理，而身體力行之，不惟能收其放心，且能輕便身軀也②。學者於此形切不可忽焉。

【注釋】

①《孟子》……亦此氣之謂也：是說，人腹內心氣正，面上神色就正，四肢動作亦會中和、協調。孟子以下五句引自《孟子・盡心上》，原文云：「君子所性，仁義禮智根於心，其生色也，睟然見（音現）於面，盎於背，施於四體，四體不言而喻。」

②此形……輕便身軀也：是說，猴形之技雖不易學，但若深究其理，細細揣摩此物之性，然後用功實踐，不獨能養成專一的精神，且能使身體輕便起來。

放心：見《孟子・告子上》「學問之道無他，求其放心而已矣」，求其放心，是將放出去的心收回，專心致力於學習。

第一節　猴形掛印式

預備起點三體式（圖六十五），穩住，再將左足抬起，走往右邊，墊步極力向外扭勁。左手落至小腹處，與劈拳相同鑽出，身子隨著左足向左轉，右足極力進步，至左足前邊，足

圖65　三體式

圖66　左式猴形掛印

尖向裏扣勁落下。此時身子面向或西南，或東北，總看是從何方起點。若是從北方起點，此式面向東北矣。再將左足與左手同時撤至右足後邊，右手再與左手上邊出去。此式與劈拳相同（圖六十六）。

第二節　猴形掤①繩式

再將左足極力往後墊步，右足踏著地，拉至左足處，足尖著地，足根欠起，足後根對著左足脛骨，身子三折形，如圖是也。右手拉至小腹處，肘緊靠住脇。左手出至口前二三寸許，手背朝上，兩手如同鷹捉形式，五指具張開。肘靠脇，兩胯裏根與臀尾極力往後縮。頭可往前又往上，頂住勁穩住（圖六十七）。

圖67　左式猴形掤繩

【注釋】

①掛：原文「扨」字音義待考，疑為「掛」的異體字，現統一改為「掛」字。掛，音ㄉㄠˋ，兩手不住倒換著拉回線、繩等。後同，不另注。

第三節　猴形跁①竿式

再將右足極力往前墊步，左手伸直再進右手，左足同時並出，拉回左手至心口左邊停住。再出左手，同時並將右腿極力上抬，大腿根與小腹相挨，足尖極力上仰，微停，再出右手落右足，左手又拉回。起手落足回拉，手要齊正。

此式與劈拳相同，穩住再換式（圖六十八）。

【注釋】

①跁：音ㄆㄠˊ，爬行。

圖68　左式猴形跁竿

第四節　猴形掛印式

換式，再將右足極力往外扭勁。右手亦如左式落在小腹處，往上鑽出，身體隨著右足右轉。左足極力往右足前進步，又極力往裏扣足，此時身子面向西北矣。

再出左手，劈拳式仍如左式。往後縮力，又往前進步。出手抬足回拉手，無不與左式相同，數之多寡自便。回式，無論左式右式隨便回式，勿拘（圖六十九～圖七十一）。

圖69　右式猴形掛印

圖70　右式猴形摔繩

第五節　猴形回式

回式時，譬如面向西北，左手左足身向左轉，面向西南。出手起落仍與左右式練法相同。

第六節　猴形收式

收式，仍還於原起點處，亦仍與左右式練法相同，穩住片時休息。

圖71　右式猴形跁竿

第四章 馬形學

馬形者，獸之最義者也。有疾蹄之功，又有垂韁之義①，在腹內則為意，出於心源，在拳中而為馬形。其拳順，則意定理虛②；其拳謬，則意妄氣努，而手足亦不靈矣。

先哲云：意誠而後心正，心正則理直，理直則拳中之勁亦必無妄發矣③。學者於此馬形，尤須加意。

【注釋】

①有疾蹄之功，又有垂韁之義：疾，迅速之極，疾蹄言奔跑甚快。垂韁：是指韁繩下垂無人控制，如主人有難，不能執韁，馬也能自尋歸路。或有戰馬，救主人脫難。杜甫《房兵曹胡馬》詩：「所向無空闊，眞堪托死生」，就是歌頌義馬的。

②理虛：這裡的理虛，是說知理尚有未盡。虛即空，空才能容物。因對事物之理還要窮究，以達至善。

③先哲……必無妄發矣：意自心發，誠是實，發自內心的忠誠，自然心正、理正，不自欺欺人。拳中之勁發出自不妄發，而能中節，無過不及。這幾句的意思是引自《禮記·大學》「物格而後知至，知至而後意誠，意誠而後心正，心正而後身修」。無妄：《周易·上經》卦名。妄，虛偽之意。無妄，即不虛偽。練拳時，按照道理，不失規矩，自會作通。

第一節　馬形起點式

預備起點三體式（圖七十二），將右足往前墊步，足落地如九十度之形式。將左右手捲上拳，兩手腕朝裏裹勁，手心向上，兩肩鬆開抽勁。左胳膊不可回來，仍挺住勁。再將右手向左手背下出去。

此時兩手心仍向上著，兩手分開之

圖72　三體式

時，右手向前推勁，左手向後拉勁，至心口前停住。兩手腕皆向外扭勁，扭至手背皆向上，兩拳相對。右足與右手同時極力向前進步。左足隨後微跟步，不可離前足太近。兩眼看前手食指根節，兩胳膊如太極魚形式。兩肘平抬起，如圖是也。兩肩均向外鬆開抽勁，穩住（圖七十三）。

第二節　馬形換式

再出式，裹手墊步，出手。兩手相對，兩肩抽勁，兩眼看處，均與左式相同，數之多寡自便。無論數之多寡，總

圖73　左式馬形

圖74　右式馬形

出左手再回式（圖七十四）。

第三節　馬形回式

回式，身子隨著右手向右轉，兩手兩足均與劈拳相同。再出手，與左右式均皆相同。

第四節　馬形收式

收式，仍至起點處回式，打出右式，停住片時，休息。

第五章　鼉形學

鼉形者，水族中之身體最靈者也。此形有浮水之能，在腹內則為腎，而能消散心火，又能化積聚，消飲食。在拳中則為鼉形，其形能活潑周身之筋絡，又能化身體之拙氣拙力。其拳順，則筋骨弱者能轉而為強；柔者能轉而為剛；筋縮者易之以長；筋弛者易之以和，則謂順天者存也。其拳謬，則手足肩胯之勁必拘束矣。拘束則身體亦必不輕靈，不活潑矣。不活潑，即欲如鼉之能與水相合一氣而浮於水面，難矣。

第一節　鼉形起點左裹式

預備起點三體式（圖七十五），將

圖75　三體式

左手裹在下頦處，手心朝上，肘緊靠脇，左足與左手同時回至右足脛骨前面①（圖七十六）。

【注釋】

①此節包裹式與上編第六章第七節連環拳包裹式相同，唯連環拳包裹式出手時是直著，而此式是往外橫著出去，勁力同而外形稍異。

第二節　鼉形左裹式

再將左手從口斜著與左足並出，與連環包裹相同。手足似落未落之時即出右手（圖七十七）。

圖76　包　裹

圖77　左式鼉形

第三節　鼉形右裹式

再將右手從右脇裹著勁鑽出至口，肘靠著脇，從口前鑽出去尺許，手心仍朝上，亦與連環練包裹右手相同。右足同時與右手起至左足脛骨處，似靠未靠之意，不可落地①（圖七十八）。

【注釋】

①參考本章第一節注。

第四節　鼉形換式

再將右手右足向前斜著連翻帶橫

圖78　包　裹

圖79　左式鼉形

出去，與左式相同（圖七十九）。

第五節　鼉形再換式

再出左手足，仍與右式相同，兩眼看所翻之左右手之食指。雖然兩手之分合，總如一氣連環不斷之意，又兩手兩足分合，總是與腰合成一氣，又如萬派出於一源之意也。數之多寡自便。

第六節　鼉形回式

回式，橫出右手右足之時，右足不落，即速極力回扣。身子隨著左手向左轉，裹手仍向斜著出去左手，右足隨後跟著，亦仍如左右式練習相同。

第七節　鼉形收式

收式，仍如回式，裹鑽起落相同，穩住休息。

第六章 雞形學

雞形者，雞於世最有益者也。能以司晨報曉，又有單腿獨立之能，抖翎之威，爭鬥之勇，故雞形拳中之功夫可謂甚大。在腹內而為陰氣初動，又為巽卦，在天為風，在人為氣，在拳中謂之雞形。又能起足根之勁上升，又能收頭頂之氣下降，又能散其真氣於四體之中。

其拳順，則上無腦筋不足之患，下無腿足疼痛之憂。其拳謬，則腦筋不足，耳目不靈，手足亦痲木不仁矣。學者於此雞形中最當注意。

第一節　雞形金雞獨立式

預備起點三體式（圖八十），先將右手從左手下出去。腰胯肩亦隨著右手去，右腿曲膝。足後根欠起，右手抽回，肘靠著脇。右足再往前進，至左足前，足高矮與左足脛骨相齊，不可落地。再將右手從左手上邊抽回來，左手亦與右手下邊出去，兩手具是掌。

右足落時，左足同時提起，靠至右足脛骨處，兩足起落皆與兩手均要齊一，腰亦同時塌勁為謹要。此時兩胯兩肩俱陰陽相合著抽住勁。

右腿要曲著，左手往前往下斜著推住勁，右手大指根在臍邊靠住。兩眼看左手大指根食指梢。

身子如用繩束縛一般，穩住稍停，再往前進（圖八十一）。

圖80　三體式

圖81　金雞獨立

第二節　雞形後金雞獨立式

前進，兩手仍勿動，右肘靠著脇，左手極力推住。再將左足極力前進落地，右足亦再極力前進，步未落地之時，左足提起，仍靠右足脛骨，如前式穩住。此式步法與虎形第一步相同，惟兩手之式，左手仍推著勁，右手仍在臍邊不動，前後兩式，具金雞獨立之式。

第三節　雞形金雞食米式

將左手仍極力挺住勁，再將右手捲上拳，向前出去，如崩拳形式。左足直著，與右手同時極力向前進步。惟左手不可回來，同時扣在右手腕上。右足亦隨後緊跟至左足處，如崩拳跟步相同。

圖82　金雞食米

兩眼看右手食指中節，兩肩向後抽勁，兩胯裏根亦然，穩住（圖八十二）。

第四節　雞形金雞抖翎前式

再將兩手抱在胸前，手心向裏，左手在裏邊，右手在外邊，離胸前二三寸許。兩肘往下垂勁，兩肩亦往下垂勁，又往外暗含著開勁，身子如同捆住勁一般，兩胳膊如十字形式，將右足撤回，兩腿如同騎馬式，兩足跟向外扭，不可顯扭。兩膝向裏扣勁，不可顯扣，兩胯根向裏抽勁亦向外開勁，亦不可顯露（圖八十三）。

圖83　金雞抖翎前圖

第五節　雞形金雞抖翎後式

兩手分開式，將右手順著面前正中，往上鑽至正額處再翻，如炮拳翻手相

同。左拳同時向下向後拉勁，至左脇後邊手心向後，如同劈拳把手相同。兩足扭成順式如圖是也。

身子隨著右胳膊扭勁，扭至心口與右膝並右足尖相對為度。此時兩眼隨著右手看食指根節，兩肩齊向外開勁（圖八四）。

第六節　雞形金雞上架式

再將右手張開，手腕向裏扭勁，至手心朝裏，即靠著身子向左胳膊下邊極力穿去，手腕緊靠著左脇，左手與右手同時緊靠身子，往右肩極力穿去，兩手

圖84　金雞抖翎後圖

圖85　金雞上架

如同用繩子將身捆住，二人兩頭相拉之力一般。

兩肩往下垂勁，又須暗含往外開勁。身子陰陽相合著，三折形式。左足同時進至右足前，未落之時，右足即速抬起，與左足落地時，緊靠住左足脛骨。兩手相穿，相抱，兩足起落均要相齊如一，不可參差。腰極力塌住勁，兩眼順著左手往前看，穩住（圖八十五）。

第七節　雞形金雞報曉式

再將右手極力從下邊，如同畫一圓形往上挑去，高與頭頂齊。兩眼跟著右手看食指梢節。左手與右手同時，如劈拳式拉至左脇後邊。右足與右手同時極力往前進步。兩腿兩足形式與劈拳相同。兩肩前後順著開勁。兩胯根亦前後

圖86　金雞報曉

順著開勁。

此時身體如同一四方物，四面用繩子相拉，均一齊用力相爭一般。腹內空空洞洞，如天氣之圓，身外如地形之方，此謂內圓外方之義也（圖八十六）。

第八節　雞形劈拳式

將右手仍在上挺住勁，右足墊步，左手左足再出去，與練劈拳相同。惟右手不收回來，不過左手出去略高些。

第九節　雞形劈拳式

再出手仍是劈拳，此形中有兩劈拳之式，劈出右手再換式。

第十節　雞形金雞獨立式

換式，右手再落再鑽，左手出去，仍與劈拳無異。惟右足俟右手鑽時，提回至左足處。

右足落時，左足即提起，緊靠右足脛骨。兩手兩足起落，仍然齊一。此式仍還於起點之時，金雞獨立之式，穩住。

第十一節　雞形金雞食米式

再換，仍如金雞食米之式。數之多寡，循環自便。

第十二節　雞形收式

收式，仍還原起點處於練劈拳左手在前之時，仍若劈拳回身收式，穩住片時，休息。

第七章 鷂形學

鷂形者，有束翅之法，又有入林之能，又有翻身之巧，在腹內能收心藏氣，在拳中即能束身縮體。其拳順，則能收其先天之氣入於丹田之中。又能束身而起，藏身而落。

先哲云：「如鳥之束翅頻頻而飛」，亦此意也。其拳逆，則心努氣乖，而身亦被捆拘矣。學者若於此形勉力為之，則身能如鳥之束翅，行之如流水一律蕩平矣。

第一節 鷂形鷂子束身式

預備起點三體式（圖八十七），兩

圖87 三體式

手捲上拳，將右手心向上，往左手下邊出去，左手腕向裏裹勁，手心朝上。左足先極力直著往前墊步，右足亦極力進步，進至左足前一二尺，未落之時即將左足提起，緊靠右足脛骨，兩手起鑽與兩足①起落均要齊一。

圖88　鷂子束身

此式之進步，與虎形進第一步起落相同，停住。此式謂之鷂子束身式（圖八十八）。

【注釋】

①足：原文「右」字誤，改為「足」字。

第二節　鷂形鷂子入林式

再進步，兩手換炮拳，右手往上鑽翻。左手往前出，與炮拳皆相同。惟進

左足，右足不動。

此式謂之鷂子入林，又名順步炮拳，穩住（圖八十九）。

第三節　鷂形鷂子鑽天式

再進，將右拳向裏裹肘裹腕，手心朝上。

將左拳腕亦向裏裹勁，手心向上。右手與肩平著向左手腕裏邊極力出去。左手如擺袖一般，擺至右手肘後邊，手心向下，左肘緊靠著心口。右足與右手同時並進，手足上下相齊。

此式與鑽拳左式略相同。兩眼看食

圖89　鷂子入林

圖90　鷂子鑽天

指中節，穩住，此式謂之鷂子鑽天（圖九十）。

第四節　鷂形鷂子翻身式

回式，將右手從眼前曲回在左肩處，右足與右手同時扣回足尖。左手在右肘下邊，靠著身子極力往下畫一半圓形。右手與左手同時分開，往後拉，拉至右脇後邊。

左手畫至前邊，與右拳前後相對，如同托中平槍形式。左足俟右足扣回時，即提起與右足脛骨相靠，隨後即與左手同時並出。

身式足法與劈拳相同，惟身式低矮些，兩眼看前手食指中節，穩住。此式謂之鷂子翻身式（圖九十一）。

圖91　鷂子翻身

第五節　鷂形鷂子束身式

再進步，仍如前鷂子束身式，以後仍如前循環不已①，數之多寡自便。

【注釋】

①已：原書為「巳」，據上下文意，改作「已」。

第六節　鷂形收式

收式時還於原起點處，仍用鷂子翻身，回身收式，穩住片時休息。

第八章　燕形學

燕形者，鳥①之最靈巧者也，有取水之精。在腹內即能採取腎水上升，與心火相交。《易》云：「水火既濟②。」儒云：「復其真元③。」在拳中即能活動腰氣，又有躍身之靈。其拳順，則心竅開，精神足，而腦筋亦因之而強。其拳謬，則腰發滯，身體重，而氣亦隨之不通矣。學者於此尤當加謹焉。

【注釋】

①鳥：原文「燕」字誤，改為「鳥」字。

②在腹……「水火既濟」：腎屬水，腎水上行濟於心。心屬火，心火下交於腎。一升一降，往來不窮。上下通，人能健康。《易》云「水火既濟」，也就是這個意思。

③復其眞元：先天之氣，謂之眞元之氣。人透過鍛鍊，將眞氣恢復，不受拙氣拙力所傷。

第一節　燕　形

預備起點三體式（圖九十二）。先將右手從左手下出去，再由額前拉回，兩手兩足身法為金雞抖翎之式。仍將身扭至面朝後，將小腹放在右大腿上，停住（圖九十三）。

第二節　燕形燕子抄水式㈠

再將身扭向前來，扭時身子不可向旁邊回來。身子扭回時，仍要極力塌勁扭回來，如同書字藏鋒折筆，折回意思相同。身形雖有旁邊扭回之形式，而內

圖92　三體式

圖93　金雞抖翎後圖

中之氣、意與勁，不可有偏回之心思。左手與身子合成一氣，向前直伸，手腕向裏扭，扭至手心朝上，與足相齊。右手亦與左手同時向後拉，拉至右脇後邊，停住。

身子往回折形式，身要矮，兩眼看著左手食指，身子如同伏在地下一般。身子扭過來之時將小腹放在左腿上，似停未停之時，再往前進步。此式謂之燕子抄水起之始（圖九十四）。

第三節　燕形燕子抄水式㈡

再將右手往前進，向左手下邊出，

圖94　燕子抄水始

圖95　燕子抄水中

手心向上。次將左手向裏翻在右手下邊，手心向下。兩手腕如同十字形式，亦似停未停再換式。此式謂之燕子抄水起之中（圖九十五）。

第四節　燕形燕子抄水式㈢

再將右手心扭向外，兩手一氣舉起，與肩相齊，兩眼進①十字當中。右足極力向前進步，未落地時，即將左足提起，緊靠右足脛骨。兩手與右足落時，兩手如同畫上半圓形，向前後分開相對，均與肩齊，亦如白鶴亮翅展開相同。兩眼看前手，此式謂之燕子抄水起之末。

始中末三式，即二三四式，總是要一氣習練，學者要知之（圖九十六）。

圖96　燕子抄水末

【注釋】

①進：原書「進」當作「看」字。

第五節　燕形金雞食米式

再將右手往下落，向前直著打出去，與金雞食米之式手法相同，足法亦相同。

第六節　燕形劈拳式

再將左手左足向前出去，右手向後拉，為劈拳式，停住。

第七節　燕形回身式

回式與劈拳回身相同，穩住。再進仍是金雞抖翎之式，以下仍如前循環不已，數之多寡自便。停住。

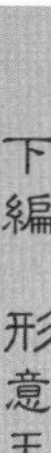

第八節　燕形收式

收式時還原起點處，仍是劈拳回身收式。穩住片時休息。

第九章　蛇形學

蛇形者，乃天地所賦之性，身體最玲瓏，最活潑者也。身形有撥草之能。二蛇相鬥，能洩露天之靈機，能曲能伸，能繞能蟠。在腹內即為腎中之陽，在易即為坎中之一也，在拳中謂之蛇形。能活動腰中之力，乃大易陰陽相摩之意也①。又如易經方圖之中，震巽相接，十字當中求生活之謂也②。

其拳順則內中真陽透於外，如同九重天，玲瓏相透，無有遮蔽，人之精神如日月之光明矣。其拳謬，則陰氣所拘，拙勁所捆，身體不能活潑，心竅亦不能通靈矣。學者於蛇形中勉力而行，久之自能有得。如蛇之精神，靈巧奧妙，言之不盡。

【注釋】

①乃大易陰陽相摩之意也：大易：應讀為太易。《列子・天瑞》：「夫有形生於無

形，則天地安從生？故曰有太易、有太初、有太始、有太素。太易者，未見氣也；太初者，氣之始也；太始者，形之始也；太素者，質之始也。」晉・張湛注：「易者，不窮滯之稱，凝寂於太虛之域，將何所見也？如易繫之太極，老氏之渾成也。」按拳中之無極應指《列子》所云之太易，未見氣也。

拳中之太極應即賅括太初、太始、太素，即氣之始也。有氣即有形，有形即有質。有形即分陰陽，與陽相反相成而生萬物。

②又如易經……生活之謂也：大意是說，在《周易》六十四卦，用方圖寫成時（見朱熹《周易本義》中《伏羲六十四卦方位》），震卦陽與巽卦陰，是陰陽相接的，如果按此方圖六十四卦的正中，橫豎各取雙行寫一十字，則陽震與陰巽恰在十字的中間，故曰「十字當中求生活」，也就是陰陽緊密相接中求得拳藝的發展。

第一節　蛇形起點式

預備起點三體式（圖九十七）。將左足先往前墊步，次將右手心向上，往左脇下靠著身子極力穿去，右肩如同穿在左胳膊下窩一般。

又次將左手曲回在右肩上，手心向肩尖如同扣住一般。身子陰陽相合著伏下去，小腹放在左大腿根上（圖九十八）。

第二節　蛇形前進式

右足再向左足脛骨處進步，不可落地，與右手同時極力斜著向右前方並出去。手心向裏側著，隨後跟步如同虎形跟步法。

左手亦同時拉回至左脇後邊停住，手心向下，兩手前後相對。兩肩向外開勁，兩胯根亦然。兩眼順著前手食指梢

圖97　三體式

圖98　蛇　形

望前看（圖九十九）。

圖99 蛇 形

第三節 蛇形換式

再進左式，與右式身法步法均皆相同。數之多寡自便（圖一〇〇）。

圖100 蛇 形

第四節　蛇形回身式

回式，出去右式再回。右手先由上曲回在左肩處，手法、足法、身法起落均與鷂子翻身相同，惟是鷂子翻身是正式，或南北或東西，此式是斜角。再進仍與左式相同（圖一〇一）。

圖101　蛇形圖

第五節　蛇形收式

收式仍與回式相同，停住片時休息①。

【注　釋】

①此形前進時手出去皆為拳，而文字上說明又皆為掌，實際練時應以文字說明為準，兩手出掌才是。

第十章　鮐形學

鮐形者，其性最直無他謬巧。此形有豎尾之能，上起可以超升，下落兩掌搗物如射包頭之力，在腹內能輔佐肝肺之功，又能舒肝固氣，在拳中謂之鮐形，能以活肩，又能活足。

其拳順，則肝舒氣固，人心虛靈，人心虛靈而人心化矣。又能實其腹，實其腹而道心生①。其拳謬，則兩肩發拘不活，胸中不開，而氣亦必不通矣。學者於此形勉力而行，可以虛心實腹，而真道乃得矣。

【注釋】

①實其腹而道心生：按《老子》十二章云：「是以聖人為腹不為目」，所謂為腹者，即以物養己；為目者，即以物役己。又第三章云：「是以聖人之治，虛其心，實其腹。」所謂「道心生」「虛其心」，《老子》第四章云：道沖。沖者，虛也，就是說，老子之

道，要求人們心地空虛，即道心生。

第一節　駘形起點式

預備起點三體式（圖一〇二）。先將左足尖扭向外，身子面向正。將左手曲回。兩手捲上拳，手心向裏對在臍中處，靠著腹（圖一〇三）。

第二節　駘形進步式

再將兩手如白鶴亮翅左右分開落下，兩肘靠脇，兩拳左拳在左脇下，右拳在右脇下靠住。兩肩往下垂勁，右足與兩拳分開之時，同時斜著往前

圖102　三體式

圖103　駘　形

進步。

左足進至右足處提起，緊靠右足脛骨。腰塌勁，式微停（圖一〇四）。

第三節　鮐形進步式

再將兩手兩腕仍緊靠著脇，直往前出去，手心皆朝上，兩拳相離不過二三寸許，左足與兩拳亦同時極力並出去。兩肩往下垂勁，又往後抽勁，不可顯露抽。兩眼看兩拳當中，右足隨後跟步。如同虎撲子跟步相同。穩住再換式（圖一〇五）。

圖104　虎　形

圖105　鮐　形

第四節　鮐形換式

換式，先將左足往前墊步，足尖微向裏扣。兩拳仍如前式，相對在臍處，次分開白鶴亮翅。兩拳落下緊靠兩脇下邊，兩肩仍往下垂勁，右足進至左足脛骨處緊靠住。腰要往下塌勁，微停再進（圖一〇六）。

第五節　鮐形進步式

再進，將兩拳直出，與左足並進。兩眼看兩拳當中，仍與第三節式相同。以下仿此（圖一〇七）。

圖106　鮐　形

圖107　鮐　形

第六節　鮐形回式

回式，仍出去右式。先將右足扣回，身子向左轉，兩拳仍與左右式白鶴亮翅相同。左足提起，緊靠右足脛骨，微停。再出手進足，仍與左右式出手相同。再進仍如前，循環不已。

第七節　鮐形收式

收式，仍與回式相同，停住片時休息。

第十一章　鷹形學

鷹形者，其性最狠最烈者也。有攫獲之精，又目能視微物，其形外陽而內陰，在腹內能起腎中之陽氣升於腦，即丹書穿夾脊，透三關①，而生於泥丸之謂也，在拳中謂之鷹形。

其拳順則真精補還於腦，而眼睛光明矣。其拳謬則真勁不能貫通於四肢，陰火上升，而頭眩暈，眼亦必發赤矣。學者練此形，便能復純陽之氣，其益實非淺鮮。

【注釋】

①三關：一般指周天功法中當內氣在督、任脈路線上運行時，經過督脈路線上的三個部位，有的人氣行至此，不易通過，故稱為關。《金丹大成集》中，三關，腦後曰玉枕關；夾脊曰轆轤關；水火之際曰尾閭關。

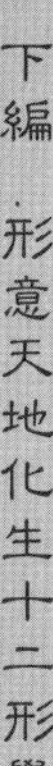

第一節 鷹形

預備起點三體式（圖一〇八）。起鑽落翻，身法步法仍與劈拳相同，惟手似鷹捉拏①之情形，劈拳似斧有劈物之情形，乃兩形之性情不同，此故謂之鷹形。

【注釋】

①拏：音ㄋㄚˊ同「拿」。

圖108 三體式

第十二章　熊形學

熊形者，其性最遲鈍，其形最威嚴，有豎項之力。其物外陰而內陽，在腹內能接陰氣下降，還於丹田。在拳中即謂熊形，能直頸項之力，又能復純陰之氣。能與鷹形之氣相接，上升而為陽，下降而為陰也，二形相合演之，謂之鷹熊鬥志，亦謂之陰陽相摩。雖然陰陽升降，其實亦不過一氣之伸縮也。

學者須知前式龍虎單習謂之開，此二形並練謂之合。知此十二形開合之道，可與入德矣。

第一節　熊形起點式

預備起點三體式。先將左手如劈拳落下，摟回順著小腹鑽上去與眉齊。左足同時回在右足處，足後根對著右足脛骨，足尖點地，足後根欠起。腰往下塌

勁，眼往上看手心。手往上鑽。項往上直豎，兩肩往下極力垂勁，此謂之熊有豎項之力。

右手順著身子往上起，至左手處再往前往下，如鷹捉物捉去。胳膊似曲似伸，左手與右手同時往後拉，如劈拳拉法相同，拉至左脇停住。左足與右手同時出去，右手出去在兩腿中間，右手與左足相齊。右足尖點地，足後根欠起，兩眼看右手大指根中指梢。

襠合著勁，身子似鬆似捆，似開似合，穩住再換式（圖一〇九～圖一一一）。

圖109　三體式

圖110　左式熊形一

第二節　熊形右換式

換式，將右手落下鑽上亦如左式。右手往上鑽去，左足與右手同時往前墊步，再出左手右足，與左式相同。數之多寡自便。回式出去左手右足再回式（圖一一二、圖一一三）。

圖111　左式熊形二

圖112　右式熊形一

圖113　右式熊形二

第三節　熊形回式

回式，將右足尖極力往裏扣，左手落鑽與左足同時並起。身子向左轉，右手左足出去，與左右式練法手足均皆相同。

第四節　熊形收式

收式時還於原起點處，仍與回式身法手足式樣均皆相同，穩住片時休息。

此形謂之鷹熊鬥志。

第十三章　十二形全體合一學（即雜式捶）

雜式捶者，又名統一拳，是合五綱十二目統一之全體也。在腹內能使全體無虧。《大學》云：「克明峻德」①也此譬言似屬離奇，然實地練習則知。

在拳中則四體百骸內外之勁如一，純粹不雜。其拳順，則內中之氣獨能伸縮往來，循環不窮，充周無間也。《中庸》曰：「鬼神之為德，其盛矣乎？」喻變化無方其勁不見不聞，潔內華外，洋洋流動，上下四方，無所不有②。

至此拳中之內勁，誠中形外而不可掩矣。學者於此用心習練，可以至無聲無臭之極端矣！先賢云：「拳中若練到此時，是拳無拳，意無意，無意之中是真意」，此之謂也③。

【注釋】

①克明竣德：是《大學》中語。克，能也；明，是顯赫發展意；峻是大也；德是修養

而有得於心。這句話是說，能夠顯赫發展高大的美德。施之於拳術，謂五行、十二形合一練之有得，能使人修養有素，無時不明自己之德而用之於人。

②《中庸》……無所不有：鬼神，即陰陽二氣，指一氣之伸縮。伸者為陽，縮者為陰，陰陽伸縮變化不測。拳中之勁不見不聞，潔內華外，是指拳練得明潔純正，內外順適。其氣上下流動，無不充滿其間。

③學者……此之謂也：拳術練至上下相隨，內外如一，隨意而用，皆能得心應手，即有規無須再循規，無意之中自合規，如此則眞意便在其中了。這樣才能做到不見而彰，不動已變，雖有跡而無形，無可無不可，舉手投足皆能中道。如此可以說是達到無聲無臭之極端了。

第一節　形意雜式捶束身式

預備起點三體式（圖一一四）。次往前進步，是鷂子束身形式，停住（圖一一五）。

圖114　三體式

第二節　雞式捶入林式

往前進步，是鷂子入林之式。左拳在前，右拳在頭正額處穩住（圖一一六）。

第三節　雞式捶退步劈拳式

將右手從正額處攞下，至臍旁邊停住。肘靠脇，左手同時抽回至左脇處，左足亦同時撤回至右腿後邊。兩腿足形式如劈拳形相同。此形亦謂之退步劈拳式（圖一一七）。

圖115　束　身

圖116　入　林

第四節　雜式捶退步劈拳式

先將左手鑽至頭左額角處，手張開，再往下攞，亦攞至左脇處，在臍左邊停住，右足亦同時撤回，至左足後邊，仍與左式退步劈拳形式相同。左右共練四式，停住（圖一一八）。

第五節　雜式捶烏龍倒取水式

將右手從脇往下往後，如同畫一圓形，從頭正額處順著身子往下落，至肚臍處靠住。

左手同時從左脇處，於右手外邊，

圖117　左式退步劈拳

圖118　右式退步劈拳

手心向裡往上鑽，至正額處齊平著，相離正額二三寸許。

再將右胳膊抬上去，手心向外，手背靠在正額處。左手順著身子落下，手心向上靠住臍處，身子面向正停住。此式謂之烏龍倒取水（圖一一九）。

圖119　烏龍倒取水

第六節　雜式捶單展翅式

將左足極力往後撤，至右足後邊落下。右足隨著亦往後撤，撤至左足處，右足後根緊對左足脛骨。右手與右足同時極力往下落至小腹處，肘與拳緊靠著脇腹。左拳仍在左脇不動。腰極力塌勁，右邊小腹放在大腿上，身子亦不可太彎，往下看時，只要鼻子與足尖相齊為度。

身子陰陽相合著，肩胯抽勁仍如前法。兩眼看，跟著右手看，停住再往前看。此式謂之鳳凰單展翅（圖一二〇）。

第七節　雜式捶蟄龍出現式

再前進，先進右足，極力往前進步。左手與右足同時出去，左足亦隨後跟步，如崩拳跟法相同。身式高低亦與崩拳式相同。停住再進，此式謂之蟄龍出現（圖一二一）。

第八節　雜式捶黑虎出洞式

步法、身法、出手與連環黑虎出洞式相同，穩住再進。

圖120　單展翅

圖121　蟄龍出現

第九節　雜式捶白鶴亮翅式

身法、手法、步法與連環白鶴亮翅式相同，穩住再進。

第十節　雜式捶炮拳式

出手、身法與步法均與炮①拳式相同，穩住再進。

【注釋】

①原文此處為「砲」同「炮」。原文二字混用，現統一作「炮」。後同，不另注。

第十一節　雜式捶雙展翅式

兩手一齊落回在小腹處，右手捲拳，手心向上，落在左手心中。兩肘

圖122　雙展翅

緊靠脇，身子如同捆住一般。右足同時往回墊步，足尖仍向外斜著。兩眼往前看。此式謂之鳳凰雙展翅。停住再進（圖一二二）。

第十二節　雜式捶入林式

出手、身法、步法仍與鷂子入林之式相同。穩住再退。

第十三節　雜式捶退步劈拳烏龍取水式

仍是倒劈拳回退，手法數目如前。退到頭，亦仍是烏龍倒取水之式，不可久停即進。

第十四節　雜式捶燕子抄水式

將烏龍取水之式，右手過來，落下

圖123　燕子抄水始

時緊接就是燕子抄水之式，停住（圖一二三～圖一二五）。

第十五節　雜式捶崩拳式

再進步為崩拳，手法、步法與連環第一式第一手相同。

第十六節　雜式捶青龍出水式

再退步，出手、身法、步法與連環青龍出水式相同。

第十七節　雜式捶黑虎出洞式

再進步，仍是黑虎出洞之式，穩住

圖124　燕子抄水中

圖125　燕子抄水末

換式。

第十八節　雜式捶白鶴亮翅式

再變式，仍是白鶴亮翅之式，穩住再進。

第十九節　雜式捶炮拳式

再進，仍是炮拳之式，穩住再換。

第二十節　雜式捶雙展翅式

再換，仍是鳳凰雙展翅之式，穩住。

第二十一節　雜式捶入林式

再進，仍是鷂子入林之式，穩住再退。

第二十二節　雜式捶退步劈拳烏龍倒取水式

再回退，仍是退步劈拳，退到頭，仍是烏龍倒取水之式，停住。

第二十三節　雜式捶青龍探爪式

換式，將右手從正額處五指張開，往前極力伸去，與眼相平著。兩足不動，兩肩平著鬆開抽勁。微停住式，再出左手。

此式謂之青龍探爪（圖一二六）。

圖126　青龍探爪

第二十四節　雜式捶鷹捉式

換式，將左手從心口處望著右手上邊出去，右手抽回右脇。兩足仍是原式不動。兩手伸去抽回，與鷹捉相同。此式亦謂之鷹捉（圖一二七）。

第二十五節　雜式捶裹手式

再換式，將左手如連環包裹裹回（左手往裹裹時，左足同時至右足踝骨處，足尖點地，足後跟欠起）①，右手仍在右脇不動，微停。此式亦謂之裹手。

圖127　鷹　捉

【注釋】

①括弧內的四句，疑為脫字。補上以後，才和連環包裹式動作相同。下邊第二十六節中左足亦與左手同時出去相接。

第二十六節　雜式捶推窗望月式

換式，將左手腕向外擰勁，斜著往外往上伸去，左足亦與左手同時出去。身式要往下縮力，又要矮，兩腿與騎馬襠相同。左肩裏根極力鬆開抽勁，兩眼看左手大二指中間，右手仍在右脇下不動。此式謂之推窗望月，停住（圖一二八）。

第二十七節　雜式捶三盤落地式

換式，將左手屈回落下，與大腿根相平，相離二三寸許，手腕極力往外扭

圖129　三盤落地

圖128　推窗望月

勁，胳膊如半圓形。右手亦與左手同時落下，手腕向外扭勁，兩手相同。兩腿仍是騎馬襠式不動，兩眼往左往前看，兩肩鬆開往外開勁，又往回抽勁，腰往下塌勁。此式謂之三盤落地（圖一二九）。

第二十八節　雜式捶①懶龍臥道式

再進，先將左手向前極力撐著勁出去，與心口平，將手捲上拳，手腕朝裏②擰勁，手心向上。又將手如包裹勁，裹回手至心口處，胳膊緊靠脇。右手極力同時與左手裹回來時，從左手腕上邊出去，手心向上。左手心翻向下，右足亦與右手同時出去，兩腿與龍形步法相同。兩眼順著右手往前看，兩肩極力往下垂勁，又往外開勁，微停。

此式謂之懶龍臥道（圖一三〇）。

圖130　懶龍臥道

【注釋】

①原書漏一「捶」字。

②原書「裹」字當作「裏」字。

第二十九節　雜式捶烏龍翻江式

再進步，先將左腿往前進步落下，與鷂子入林步法相同。左手於右手下邊出去，右手拉回，可與左腿出去同時拉回，兩手與橫拳相同。兩眼看前手，停住。此式謂之烏龍翻江（圖一三一）。

第三十節　雜式捶崩拳式

再進，先進右手，與崩拳相同，兩足

圖131　烏龍翻江

圖132　崩　拳

不動，停住（圖一三二）。

第三十一節　雜式捶龍虎相交式

再右足極力提起，往前蹬去，如畫半圓形式，與心口相平為度。左手與右足同時出去，與右足相齊。此式謂之龍虎相交，停住（圖一三三）。

第三十二節　雜式捶出洞式

再進，將右足落在前邊，右手出去，左手拉回，仍與黑虎出洞之式相同。停住。

圖133　龍虎相交

第三十三節　雜式捶亮翅式

再換，仍是白鶴亮翅之式，停住。

第三十四節　雜式捶炮拳式

再換式，仍是炮拳之式，微停。

第三十五節　雜式捶雙展翅式

再換式，仍是鳳凰雙展翅之式，停住。

第三十六節　雜式捶入林式

再進，仍是鷂子入林之式，停住。亦謂之順步炮拳。

第三十七節　雜式捶倒取水式

再回退，仍是倒劈拳，到原起處，仍是烏龍倒取水式，停住。

第三十八節　雜式捶單展翅式

再退，仍是鳳凰單展翅之式，停住。

第三十九節　雜式捶蟄龍出現式

再進步，仍是蟄龍出現之式。

第四十節　雜式捶出洞式

再進，仍是黑虎出洞之式，停住。

第四十一節　雜式捶風擺荷葉式

再將兩手，一齊從前邊往下落，順著左邊由下向上如畫一圓形，從後邊回來。再從目前，往右前雙手推去，兩手掌皆立著，與肩相齊，右手極力伸直，左手在右肩處。右足隨著兩手往回邁步，兩腿形與青龍出水剪子股式相同。兩手向後推，兩眼亦順著兩手向後看。兩肩仍如前抽勁，微停。

此式謂之風擺荷葉（圖一三四）。

圖134　風擺荷葉

第四十二節　雜式捶指路式

再進，將左拳從右肩處往下前左伸去，如崩拳手相同，右手亦隨著向下曲回在右脇處。左足與左手同時出去，如崩拳步法，惟後足不跟步。

第四十三節　雜式捶出洞式

再進步，仍是黑虎出洞之式，不可停即回。

第四十四節　雜式捶回身收式

回身式，仍是鷂子翻身之式，停住。立正休息。

第十四章 十二形全體大用學（即安身炮）

安身炮者，譬如天地之化育，萬物各得其所也。在腹內氣之體言之，其大無外，其小無內。在外之用言之，可以不見而章，不動而變，無為而成。夫人誠有是氣，至聖之德，至誠之道，亦可以知，亦可以為矣①。

在拳中即為大德小德。大德者，內外合一之勁，其出無窮。小德者，如拳中之變化，生生不已也，譬如溥博源泉而時出之②。如此形意拳之道，拳無拳，意無意，無意之中是真意至矣。

學者知此，則形意拳中之內勁，即天地之理也，又人之性也，亦道家之金丹也。勁也，理也，性也，金丹也，形名雖異，其理則一。其勁能與諸家道理合一，亦可以同登聖域③，能與天地合其德，與日月合其明，與四時合其序，與鬼神合其吉凶。學者胡不勉力而行之哉。

【注釋】

①在腹……亦可以為矣：指腹內之一氣，就其體言之，大而無外，無所不包。若言其小，小而無內，可以退藏於密（指心內最幽隱處）。若以在外用言之，可以不見而顯著，不動而變化，不為而有成，不思而可得。就是無跡而可育萬物，有跡而又不見。人若有此至誠之氣，可以前知，也可以有所作為。

②在拳中……溥博源泉而時出之：是說浩然之氣，至誠之德，在拳中稱為大德小德。大德指內外合一之勁，其勁源源不斷。小德是指拳中的變化，生生不已，循環往復而無端。正如《中庸》所言「溥博源泉而時出之」，意思指水大源深，所以泉水時而出之而不竭。練拳功深，內氣足而勁無窮。

③登聖域：能達到聖人之境地。指拳中技藝高而得道者。

第一節　安身炮

甲乙二人對舞（甲上手，乙下手）。甲起點三體式，乙起點三體式。

甲先將左手向外拍出乙之左手，即速出右手，進步打崩拳。

乙即速先向後撤右足，左足提起，緊靠右腿。再將左手將甲之右手向外推去，即速進步還打崩拳（圖一三五、圖一三六）。

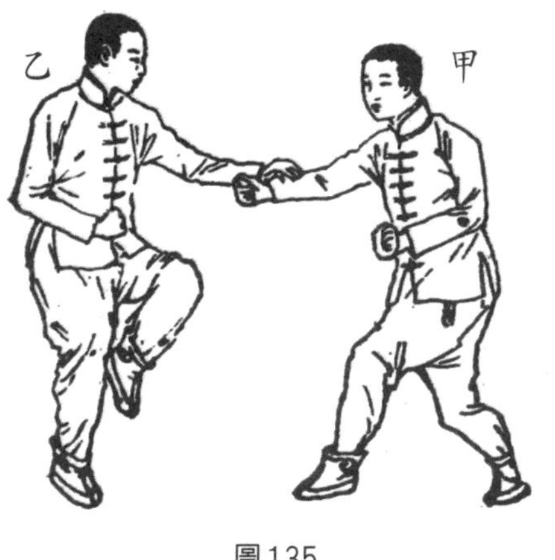

圖135

圖136

第二節　安身炮

甲即將右手向後拉乙之右手，左手與右手同時向乙之面劈去，兩足不動。

乙即將右手抽回抬起，左手與右手同時即向甲之心口打去，如鷂子入林之式。

甲再先將左足墊橫，右足進至乙之左足外邊，左手曲回，即摟乙之左手向後拉，右手亦同時向乙之面劈去，如劈拳（圖一三七、圖一三八）。

圖137

圖138

第三節　安身炮

乙即將左足墊橫，急進右足，速將左手抽回抬起，右手同時向著甲之左面劈去。

甲即將右手向裏裹勁，手心向上，左手腕向外扭勁。離面一二寸手心向下。

兩手一齊向著乙之右胳膊截去，謂之雙截手，右足同時向前邁步（圖一三九、圖一四○）。

圖139

圖140

第四節　安身炮

乙即速左手向著甲之面劈去，右手拉回在心口右邊。

甲即換右雙截手，與左邊相同，隨後用右手從自己左手下邊出去，向著乙之心口打去，兩足仍不動（圖一四一、圖一四二）。

圖141

圖142

第五節　安身炮

乙將左足向後撤，右足提起，先將右手托著甲之右手，向後引進落空，隨後再將左手，從甲之手腕底下伸去向後拉，又向後撥，即速將右手向著甲之心口打去。右足亦隨著落下，連拉帶撥帶打，一二三合成一氣不可間斷（圖一四三、圖一四四）。

圖143

圖144

甲即向下坐腰，右手在乙之右手上邊如同扚物往回扚，左手向自己右手前頭亦如右手扚法相同。隨後即將右手向著乙之面抓去，連扚帶抓，一二三亦成一氣不可間斷（圖一四五）。

圖145

第六節　安身炮

乙即速屈回右手，再即向著甲之右手鑽去，左手拉至心口處，身式要矮。

甲即速用左胳膊將乙之右胳膊挑起，右手抽回，再向著乙之心口打去。左足與右手同時進步，手足與炮拳式相同（圖一四六、圖一四七）。

圖146

圖147

下。

第七節　安身炮

乙即速退步劈拳，用左手將甲之右手扣住，右手抽回在心口處，手心向下。

甲即用左手將乙之左手摟開，右手向著乙之左面，用手背打去，右足與右手同時進步（圖一四八、圖一四九）。

圖148

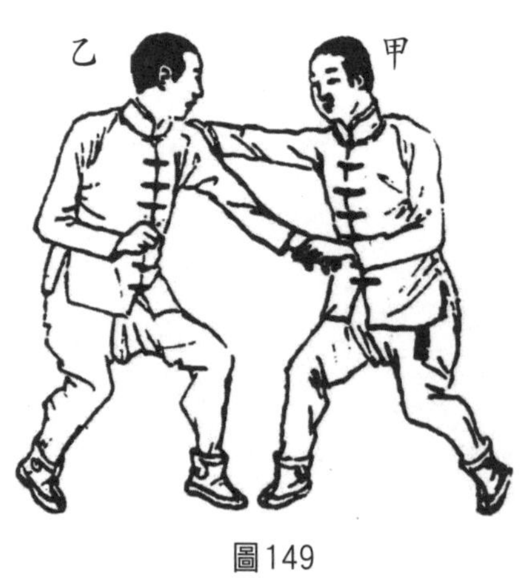

圖149

第八節　安身炮

乙即退右足，左足隨著退，謂之後代後，左手抽回，再即速鑽出，手足要同時動作。

甲即速進右足，跟左足，將左手拍出乙之左手，右手從乙之胳膊下邊，向著乙之左面劈去，謂之偷打（圖一五〇、圖一五一）。

圖150

圖151

第九節　安身炮

乙即進右足，向著甲之兩腿當中落下，右手先將甲之右手向外拍出，左手再向自己之手前頭伸，又向外撥甲之右胳膊，用右手背與右足同時打甲之右面反嘴巴①。

甲即將右手屈回，向著乙之右胳膊外邊鑽出，右足即速往後撤，右手再向回拉乙之右胳膊，左手與足同時，再向著乙之右面劈去（圖一五二、圖一五三）。

【注釋】

①原書「吧」當作「巴」。

圖152

圖153

第十節　安身炮

乙先往後撤左足，用右手將甲之左手掛回，右足與右手同時提起。用左手將甲之胳膊往下把，右手再往甲之頭上抓去。

甲即將左胳膊屈回，向著乙之右手裡邊鑽去。隨後將右胳膊如蛇形，向著乙之襠內撩去，右足與右手同時進步（圖一五四、圖一五五）。

圖154

圖155

第十一節　安身炮

乙即往後撤右足，再用右手將甲之右手，順著往後攄①下，左手即速向著甲之脖項伸去，與右手同時向後按著勁拉。

甲即將右手屈回，往外掛乙之左手，左手再向著乙之右頰劈去。兩足不動（圖一五六）。

【注釋】

①攄：音ㄕㄨ，意撕。

第十二節　安身炮

乙即將左胳膊抽回在脇，右手即速向著甲之左手裡邊鑽去，兩足不動。

甲即抽回左手在脇，右手即向著乙之左頰劈去，兩足不動（圖一五七、圖一五八）。

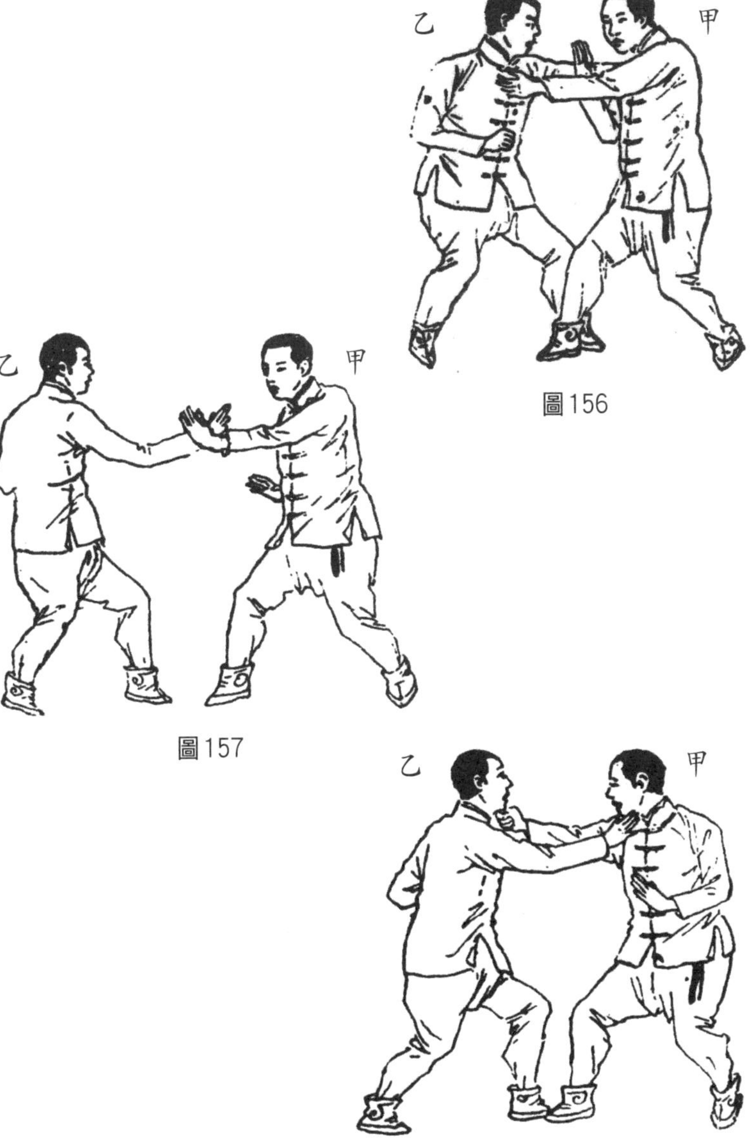

圖156

圖157

圖158

第十三節　安身炮

乙即將右手向著甲之右手拍去，左手隨後向著甲之右脇打去，身子即換騎馬式。

甲即坐腰，兩足仍不動，隨即兩手用猴子扐繩式一二三用右手抓去（圖一五九、圖一六〇）。

圖159

圖160

第十四節　安身炮

乙即退左足，右手速用鑽掌向甲右手外邊鑽去，左手在左脇。

甲即用左手向乙之右手裏往外撥出，用胳膊挾住，再速用右手向著乙左邊脖項切去，左腿與手同時進步，落至乙之右腿外邊，摶住他（圖一六一、圖一六二）。

圖161

圖162

第十五節　安身炮

乙即用雙截手，將甲之右手截開，兩足不動。

甲即將右手抽回，隨後用左手向著乙之右頰劈去，兩足仍不動（圖一六三、圖一六四）。

第十六節　安身炮

乙仍用雙截手，隨後再用右手偷打甲之左脇（同圖一六四）。

甲即向後坐身，兩足不動，左手將乙之右胳膊，順著往後擄，謂之順手撁①羊式（圖一六五）。

圖163

圖164

【注釋】

①撁：古同「牽」。

第十七節　安身炮

甲先不起身，即用右足向著乙之右腿踢去，右手向著乙之右胳膊扚去，如扚繩一二三相似。惟右足不等落地即提起，左足與右手同時起落，如同狸貓上樹之式。

乙即先提起右腿，再往後退步落下，右手即屈回，再向著甲之右手外邊鑽去，左手在心口處（圖一六六、圖一六七）。

圖165

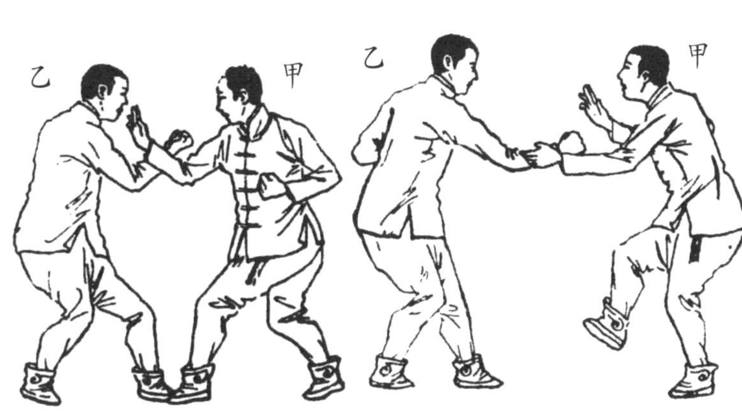

圖167　圖166

第十八節　安身炮

甲即用左手挑起乙之右胳膊，右手抽回，再向著乙之左頰劈去，兩足仍不動。

乙即速抽回右手在右脇處，左手即向甲之右肩抓去，謂之鷂子抓肩式（圖一六八）。

第十九節　安身炮

甲先用右手，向著乙之左手腕往外摟，左手緊跟向著乙之左手腕上邊往外推，右手隨後向著乙之左頰劈去，亦是一二三之理，兩足不動。

乙即將左胳膊屈回，再向著甲之右手裡邊鑽去，隨後往回掛。右手即向著甲之左頰劈去，兩

圖169　圖168

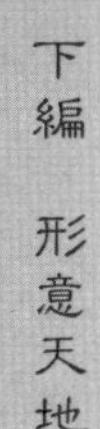

足仍不動（圖一六九）。

第二十節　安身炮

甲即用雙截手，截去乙之右手，兩足不動。

乙即將右手抽回，再用左手向著甲之左頰劈去，兩足仍不動（圖一七〇）。

第二十一節　安身炮

甲即再用雙截手，截去乙之左手，即再用右手偷打，仍如前雙截手偷打相同。此右手偷打出去，如起點時乙之起手打崩拳，第一手相同（圖一七一、圖一七二）。

圖170

圖171

第二十二節　安身炮

乙再退右足，提左足，用左手將甲之右手向外推，右手即速用崩拳，向著甲之腹打去。此為甲之起點第一手，還打乙之第一手相同。再往回打，仍是乙為甲之已來之式，甲為乙之已來之式，循還往來不窮。

若欲休息，仍還於原起點處停住，自便休息（圖一七三）。

（下卷終）

圖172

圖173

跋

余於乙卯歲獲謁孫先生祿堂，得見其所著《形意拳學》一書，並承先生指示途徑，然後知形意拳之難能可貴也。在內為意，在外為形，意之所至即氣之所至，養氣功深得中和之正軌，而形於外者，自然從容中道，形上形下，一以貫之，夫固非專求外壯者所可同日語也，爰綴數言以誌景仰。

民國八年四月東台吳心穀謹跋

民國廿四年十二月六版

形意拳學上下合訂
每冊定價大洋壹圓

編纂者　蒲陽孫福全

校閱者　陳慎先　吳心穀

印刷者　上海北京路二六六號　志盛印刷所　電話一四四二一號

發行者　河北完縣東後巷十一號　孫存周
上海岳州路六五號三益灰磚行　業夢俠
上海北站運輸課　支燮棠

代售處　北平武學書局
琉璃廠武學書館
北平各大書坊
上海愚園路佛學書局

歡迎至本公司購買書籍

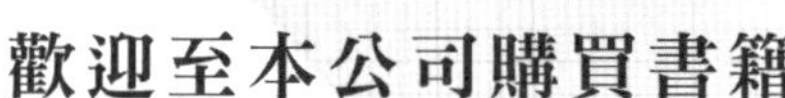

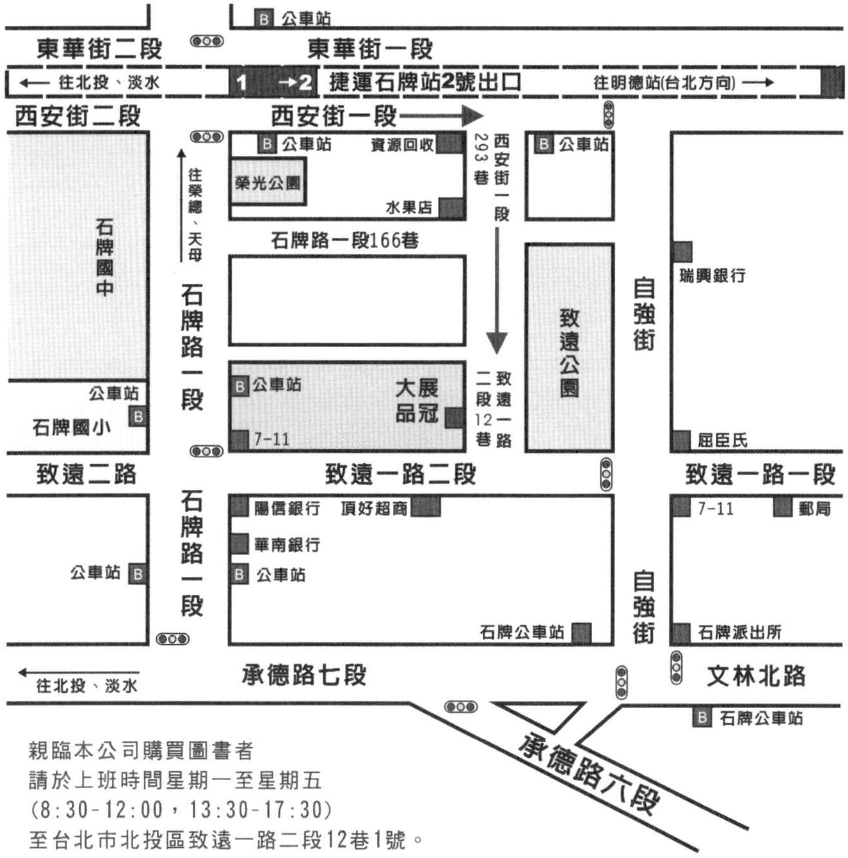

親臨本公司購買圖書者
請於上班時間星期一至星期五
(8:30-12:00，13:30-17:30)
至台北市北投區致遠一路二段12巷1號。

建議路線

1.搭乘捷運

淡水信義線石牌站下車，由月台上二號出口出站，二號出口出站後靠右邊，沿著捷運高架往台北方向走(往明德站方向)，其街名為西安街，約80公尺後至西安街一段293巷進入(巷口有一公車站牌，站名為自強街口，勿超過紅綠燈)，再步行約200公尺可達本公司，本公司面對致遠公園。

2.自行開車或騎車

由承德路接石牌路，看到陽信銀行右轉，此條即為致遠一路二段，在遇到自強街(紅綠燈)前的巷子左轉，即可看到本公司招牌。

國家圖書館出版品預行編目資料

孫祿堂形意拳學 ／ 孫祿堂 著
——初版，——臺北市，大展，2018〔民107.02〕
面；21公分 ——（武學名家典籍校注；6）
ISBN 978－986－346－195－1（平裝）
1.拳術 2.中國
528.972 106023303

孫祿堂 形意拳學

著　　者／孫祿堂
校 注 者／孫婉容
責任編輯／王躍平
發 行 人／蔡森明
出 版 者／大展出版社有限公司
社　　址／台北市北投區（石牌）致遠一路2段12巷1號
電　　話／（02）28236031・28236033・28233123
傳　　眞／（02）28272069
郵政劃撥／01669551
網　　址／www.dah-jaan.com.tw
E－mail／service@dah-jaan.com.tw
登 記 證／局版臺業字第2171號
承 印 者／傳興印刷有限公司
裝　　訂／眾友企業公司
排 版 者／弘益電腦排版有限公司
授 權 者／北京科學技術出版社
初版1刷／2018年（民107）2月

定 價／280元